Franz Heinrich Weissbach

Anzanische Inschriften und Vorarbeiten zu ihrer Entzifferung

Franz Heinrich Weissbach

Anzanische Inschriften und Vorarbeiten zu ihrer Entzifferung

ISBN/EAN: 9783743337466

Hergestellt in Europa, USA, Kanada, Australien, Japan

Cover: Foto ©ninafisch / pixelio.de

Manufactured and distributed by brebook publishing software (www.brebook.com)

Franz Heinrich Weissbach

Anzanische Inschriften und Vorarbeiten zu ihrer Entzifferung

ANZANISCHE INSCHRIFTEN

UND

VORARBEITEN ZU IHRER ENTZIFFERUNG

VON

F. H. WEISSBACH.

Des XII. Bandes der Abhandlungen der philologisch-historischen Classe
der Königl. Sächsischen Gesellschaft der Wissenschaften

Nº II.

MIT SECHS TAFELN.

LEIPZIG
BEI S. HIRZEL.
1891.

Das Manuscript eingeliefert am 13. November 1890.
Der Abdruck vollendet am 10. Januar 1891.

ANZANISCHE INSCHRIFTEN

UND

VORARBEITEN ZU IHRER ENTZIFFERUNG

VON

F. H. WEISSBACH.

MIT VI TAFELN.

Mit der nachstehenden Arbeit beabsichtige ich nichts weiter, als zur Aufhellung eines noch sehr dunkelen, deshalb aber nicht minder interessanten Gebietes der Keilschriftforschung einen ganz anspruchlosen Beitrag zu liefern. Es handelt sich um jene Art Inschriften, welche man gewöhnlich mit dem Namen »altsusisch« oder »elamitisch« bezeichnet, und von denen sich jetzt eine grössere Sammlung im Louvre befindet. Durch die Munificenz der K. Sächsischen Gesellschaft der Wissenschaften wurde es mir ermöglicht, nach Paris zu reisen, durch die Liebenswürdigkeit der Behörden des Louvre in zuvorkommendster Weise gestattet, in diesem Museum zu arbeiten. Beiden Instituten gebührt deshalb mein wärmster Dank, den auch an dieser Stelle auszusprechen mir erlaubt sein möge! Die Ergebnisse meiner Studien vereinigt nun die folgende Abhandlung.

Die erste Kunde von »susischen« Inschriften, die ich lieber »anzanisch« nennen möchte, verdanken wir, soviel ich weiss, dem berühmten englischen Reisenden William Kennett Loftus, welcher in den Jahren 1849—1854 Chaldaea und Susiana bereiste und darüber in seinem Buche »Travels and Researches in Chaldaea and Susiana«. London 1857 Bericht erstattete, während er seine inschriftlichen Funde, ausser einigen Achämeniden-Texten in den bekannten 3 Sprachen eine Inschrift von 33 längeren Zeilen und mehrere Backsteininschriften, in dem Werke: »Lithographic Facsimiles of Inscriptions in the Cuneiform Character«, London (?) 1852 veröffentlichte. Dieses Buch scheint nicht in den Handel gekommen zu sein; denn es ist selbst in fachmännischen Kreisen fast unbekannt. Exemplare davon besitzen die Bibliothek des Britischen Museums, die Königliche Bibliothek zu Berlin und Professor Oppert in Paris. Wo sich die Originale der hier veröffentlichten Texte befinden, habe ich nicht ermitteln können, wenigstens habe ich mich im Herbst 1888 im Britischen Museum vergeblich danach erkundigt. Vielleicht sind sie am Fundort, in Susiana, geblieben. Von den letzten 29 Zeilen der oben erwähnten 33-zeiligen Inschrift bewahrt das Britische Museum einen Papier-Abdruck, den ich copiren durfte. Eine Vergleichung meiner Abschrift mit derjenigen von Loftus bewies eine grosse Genauigkeit der letzteren. Dasselbe kann man leider nicht immer von François Lenormant sagen, der alle hierher gehörigen, von Loftus veröffentlichten Inschriften und einige andere in seinem »Choix de Textes cunéiformes«. Paris 1873 SS. 113—141 wiederholte. Doch damit habe ich vorgegriffen. Den ersten wirklichen Erklärungsversuch dieser Denkmäler unternahm A. D. Mordtmann. Bei einer Arbeit über die zweite Art der Achämeniden-Inschriften (Ztschr. d. Deutsch. morgenländ. Gesellsch. Bd. 16 SS. 1—126. 1862) hatte er gefunden, dass die Sprache und theilweise auch die Schrift derselben mit einigen Backstein-Texten, welche in den Ruinen Susas gefunden worden waren, übereinstimmte. Er nannte deshalb beide Arten von Inschriften »susisch« und veröffentlichte zehn solche Backstein-Legenden, von denen er durch Vermittlung eines griechischen Arztes, Konst. Makrides, Papierabdrücke erhalten hatte, zugleich mit einem Versuche zur Lesung und Uebersetzung (a. a. O. Bd. 24. Tafeln 1 u. 2; SS. 1—6). Auch von diesen Texten hat Lenormant einige wiederholt. J. Oppert zeigte in einer Abhandlung, welche dem ersten Orientalisten-Congress zu Paris vorgelegt wurde (»Mémoires du Congrès international des Orientalistes«. 1. Session — Paris — 1873. T. 2 SS. 179—216. Paris 1876), dass die Sprache der Inschriften von Susa zwar nahe verwandt, aber nicht identisch sei mit derjenigen der Achämeniden-Inschriften zweiter Art. Ferner wies er nach, dass die von Loftus veröffentlichten Texte 4 Königen angehörten, von denen zwei auf assyrischen Denkmälern als Könige Elams erwähnt werden. Trotzdem vermied er den Namen »elamitische Sprache«, weil dieser einen semitischen Anschein geben könnte, welcher dem »turanischen« Charakter des susischen Idioms völlig fremd sei. Auch die Inschriften von Mâl-Amîr, welche A. H. Layard entdeckt und veröffentlicht hatte (»Inscriptions in the Cuneiform Character« Pll. 31. 32. 36. 37. London 1851), fand Oppert nahe verwandt mit den »susischen«. Zugleich versuchte er Uebersetzungen von einigen dieser Texte, welche er später in den »Records of the Past« Vol. 7 SS. 79—84 wiederholte. Fast gleichzeitig mit Oppert beschäftigte sich A. H. Sayce mit diesen Inschriften, die er »susisch« oder »elamitisch« nannte (»Transactions of the Society of Biblical Archaeology« Vol. 3 SS. 465—485. 1874). Er wiederholte Lenormants Texte Nr. 31 und 35 und versuchte ihre Transcription und Uebersetzung. Einen zweiten, ziemlich umfangreichen Aufsatz (»The Inscriptions of Mal-Amir and the Language of the second Column of the Akhaemenian Inscriptions« in »Actes du sixième Congrès internat. des Orientalistes, tenu en 1883 à Leide«. 2. Partie. Section 1: Sémitique. SS. 637—756. Leide 1885) widmete Sayce besonders der ausführlichen Bearbeitung der Mâl-Amîr-Texte.

Mit Ausnahme der Felsen-Inschriften von Mâl-Amîr und der von Loftus veröffentlichten Texte (?) befinden sich alle übrigen bekannten Denkmäler der besprochenen Art in europäischen Museen oder in Privatbesitz. Das Berliner Museum besitzt, wie mir Herr Dr. B. Meissner mittheilte, 2 Backsteine, einen das Museum im Haag, wie ich einer Notiz J. Ménants (»Archives des Missions scientifiques III. série tome 5 S. 414. 1879) entnehme. In Leiden befinden sich, nach einer Mittheilung des Herrn Professor Tiele, 6 oder 7 derartige Backsteine, aber mit sehr undeutlicher Schrift. Das Britische Museum bewahrt den oben erwähnten Papierabdruck, ein Beamter desselben, Herr C. H. Smith, besitzt 2 Backsteine, von denen ich durch die gütige Vermittelung des Herrn Th. G. Pinches Papierabdrücke erhalten habe. Entschieden die reichste Sammlung dieser Art, das Ergebniss der Expedition, welche Dieulafoy in den Jahren 1881—1886 nach Susiana unternommen hat, ist nach Paris gekommen. Ehe ich jedoch zu einer eingehenden Beschreibung dieser Sammlung schreite, wird es von Vortheil sein, einige allgemeine Bemerkungen vorauszuschicken. Die Breite der Backsteine schwankt zwischen 29 und 33, ihre Höhe zwischen $7\frac{1}{2}$ und 10 Centimetern. Die Länge beträgt entweder ungefähr ebensoviel, oder ungefähr die Hälfte der Breite. Die Oberfläche erscheint also in einer der beiden Gestalten: □, ▭. Die Inschrift, 4 bis 8 Zeilen, befindet sich meistens an der niedrigen, aber breiten Vorderfläche, nur an 4 Exemplaren auf der Oberfläche, wo sie dann auf 16 kurze Zeilen vertheilt ist und einen breiten Rahmen lässt. In sehr starker Hitze scheinen die Backsteine nicht gebrannt worden zu sein, sodass sie sehr zerbrechlich und vielfach auch wirklich zerbrochen und zerrissen sind. Die Schrift der Texte ist altbabylonisch; man kann 2 Arten unterscheiden, eine schöne, klare, die ich Monumentalschrift nennen möchte, und eine mehr cursive, mit einem sehr breiten Griffel meist etwas schief eingegrabene. Letztere ist sehr schwer lesbar, da mehrere neben oder übereinander stehende Keile vielfach in einen übergehen, während ein einziger Keil bei der geringsten Unebenheit des Thones sofort getheilt erscheinen kann. Zum Glück sind die Inschriften meist in mehreren Exemplaren vorhanden, sodass die sichere Bestimmung der Zeichen in der Mehrzahl der Fälle gelingt. Auch Varianten, die bekanntlich in assyrisch-babylonischen Texten so häufig sind und bei der Entzifferung so wesentliche Dienste geleistet haben, fehlen nicht ganz — freilich laufen sie vielfach auf blosse Schreibfehler hinaus.

Was die Sprache anlangt, in der diese Inschriften abgefasst sind, so muss ich bekennen, dass wir in dieser Hinsicht noch nicht viel weiter gekommen sind, als wir vor 17 Jahren waren. Man sah und sieht auf den ersten Blick, dass man weder eine indogermanische noch eine semitische Sprache vor sich hat. Man liest einige anders woher bekannte Eigennamen, auch mehrere andere Vocabeln und grammatische Formen, welche an solche der Achämeniden-Inschriften zweiter Art erinnern. Dies ist aber auch alles. Man wird begreifen, wie misslich es sein muss, unter solchen Umständen Uebersetzungen zu versuchen, Uebersetzungen, die von Lücken und Fragezeichen wimmeln würden. Ehe man sich an diese wagen darf, ist es meines Erachtens erspriesslich, erst einige Vorfragen zu beantworten, und nöthig, die Lesung, Umschreibung und Abtheilung der Wörter sicherzustellen. Erst nachdem dies geschehen, wird man vielleicht mit Erfolg auf dem schwachen Grunde von etwa einem Dutzend sicher erkannter Vocabeln und Formen weiterbauen können.

Suchen wir zunächst den **Namen** festzustellen, mit welchem die Sprache der in Rede stehenden Denkmäler zu bezeichnen sei. Zwei völlig gesicherte Vocabeln sind *ú* »ich« und *ša-ak* »Sohn«. Die meisten Inschriften beginnen mit: *ú* (Variante *ú*), dann folgt ein männlicher Personenname, sodann *ša-ak*, worauf wieder ein Name, endlich verschiedene Titel. Der erste Name ist natürlich der Urheber der Inschrift, der zweite sein Vater. In den Inschriften, die ich zu behandeln gedenke, finden sich folgende Anfänge:

1. *ú* (oder *ŭ*) *ᵐŠu-ut-ru-uk-ᵃⁿNaḫ-ḫu-un-te ša-ak ᵐḪal-lu-du-uš*,
2. *ú* (oder *ŭ*) *ᵐKu-tir-ᵃⁿNaḫ-ḫu-un-te ša-ak ᵐŠu-ut-ru-uk-ᵃⁿNaḫ-ḫu-un-te*,
3. *ú* (oder *ŭ*) *ᵐŠil-ḫa-ak ša-ak ᵐŠu-ut-ru-uk-ᵃⁿNaḫ-ḫu-un-te.*

Hieraus ergiebt sich mit grosser Wahrscheinlichkeit, dass die letzteren beiden Brüder waren; wenigstens hatten ihre Väter den gleichen Namen. Nun wird von Sargon (Khors. 118) ein König von Elam, Šuṭurnaḫundi, und von Sanherib (Tayl. IV, 70; 80) ein ebensolcher, namens Kudurnaḫundu oder Kudurnaḫundi, erwähnt: Grund genug für Lenormant, Oppert und Sayce, nicht nur diese Namen. sondern auch ihre Träger mit den Königen Nrr. 1 und 2 zu identificieren. Letzteres halte ich für unmöglich. Ueber die Geschichte Elams, die sonst noch ziemlich dunkel ist, sind wir glücklicherweise gerade für jene Periode einigermassen unterrichtet, und zwar vermöge der sogenannten »Babylonischen Chronik« (neueste Uebersetzung von H. Winckler in »Keilinschriftliche Bibliothek« Bd. 2 SS. 275ff. Berlin 1890). Durch diese Quelle erfahren wir, dass zwischen Šuṭurnaḫundi und Kudur (= Kudurnaḫundi) mindestens zwei Könige, Ištarḫundu und Ḫallušu, (18 + 6 =) 24 Jahre regiert haben. Kudurnaḫundis Bruder, der dritte König in der oben aufgestellten Reihe, hätte nun entweder sogleich oder doch wenigstens sehr bald regieren müssen. Obwohl wir die elamitischen Herrscher bis zu Ašurbanipals Zeit herab verfolgen können, so wird doch nirgends ein König Šil-ḫa-ak erwähnt. Dies wäre fast unmöglich, wenn Šil-ḫa-ak König von Elam gewesen wäre. Das hat er aber nie behauptet, und ebensowenig sein Vater und sein Bruder: niemals nennen sie sich »König von Elam«. sondern nur, abgesehen von anderen, hier nicht in Betracht kommenden Titeln: *su-un-ki-ik* ► *An-za-an* »König von Anzan«. Dieses Anzan hat man früher mit Elam identificiert und zwar auf Grund des assyrischen Vocabulars II Rawl. 47, 18, wo neben einander stehen:

AN-DU-⁽ᵃˢ̌⁻ˢ̌ᵃ⁻ᵃⁿ⁾*-AN-KI* | *E-lam-tu*

aš-ša-an, von dem das 1. Zeichen durch Schraffierung als auf dem Original undeutlich gekennzeichnet wird, ist nach Sayce wirklich in *an-ša-n* zu verbessern; *An-ša-an* ist aber, wie wir sogleich sehen werden, nur Schreib-Variante von *An-za-an*. Aus der angeführten Stelle also könnte geschlossen werden, dass Anzan = Elam zu setzen sei. Dies ist ein Irrthum, wie schon A. Delattre (»Le

Peuple et l'Empire des Mèdes« in »Mémoires couronnés et Mémoires des Savants étrangers publiés par l'Académie Royale de Belgique« T. 45, S. 197. Bruxelles 1883) nachgewiesen[1]). Sanherib (Tayl. V 31 ff.) berichtet, dass sich Ummanmenanu von Elam mit einer Menge kleiner Staaten, darunter auch Anzan, gegen Assyrien verbündet habe. Dies wäre doch unmöglich gewesen, wenn Anzan und Elam identisch waren! Später erscheinen als Könige der »Stadt Anšan« die Achämeniden Teïspes, Kyros I., Kambyses I. und Kyros II. der Grosse (Kyr.-Cyl. ZZ. 12 und 20 f.); letzterer wird von Nabuna'id (V Rawl. 64, I, 29) als König des Landes Anzan und geringer Knecht des Mederkönigs Ištumegu (Astyages) bezeichnet. Aus diesen beiden Stellen ergiebt sich zweifellos die Identität von Anzan und Anšan. Diese zweite Form findet sich auch in der sogenannten »Nabuna'id-Kyros-Chronik« (zuletzt übersetzt von E. Schrader in »Keilinschriftl. Bibliothek« Bd. III, 2. Hälfte SS. 129 ff.) Obv. II, 1 und zwar ohne Determinativ »Land« oder »Stadt«. Der Schreiber scheint es also für gleichgiltig gehalten zu haben, ob der Leser Kyros für den König von »dem Lande« oder »von der Stadt« Anšan ansah. Endlich sind mir noch zwei Stellen bekannt, wo Anšan vorkommt, nämlich Gudea B VI, 65 (vgl. A. Amiaud in »Zeitschr. f. Keilschriftforschung« 1. Bd. S. 249), wo dieser Fürst berichtet, dass er »die Stadt Anšan, das Land Elam[2]) mit Waffengewalt zerschmettert« habe, und eine Inschrift eines Fürsten von Dûrilu (H. Winckler, Untersuchungen zur altorientalischen Geschichte SS. 116 und 156 No. 7), Mutabil, der sich »Zerschmetterer des Hauptes der Mannen von Anšan (mit dem allgemeinen Ortsdeterminativ [ki])« nennt. Sehr mächtig kann also, wie Winckler richtig bemerkt, Anšan in jenen alten Zeiten nicht gewesen sein, wenn es von Sedez-Fürsten wie Gudea und Mutabil unterworfen werden konnte. Später, wahrscheinlich unter Teïspes (etwa um 620—590 anzusetzen), ging es in persischen Besitz über, bis es nach Kyros II dem Grossen unserem Gesichtskreis völlig entschwindet. Ueber dieses Land herrschten nun zu irgend einer, uns

1) Mir selbst war, wie ich zu meiner Schande gestehen muss, obige Stelle aus Delattres Buch bis vor Kurzem entgangen. In meiner Ausgabe der Achämeniden-Inschriften zweiter Art S. 24 trug ich noch die oben als Irrthum bezeichnete Ansicht vor.

2) Doch wohl nicht »des Landes Elam«, wie Amiaud übersetzt?

völlig unbekannten Zeit die Könige: Šu-ut-ru-uk-ᵃⁿNaḫ-ḫu-un-te, Ku-tir-ᵃⁿNaḫ-ḫu-un-te und Sil-ḫa-ak. Ihre Inschriften wird man also füglich als »Anzanische Inschriften« bezeichnen dürfen, und wenn man auch ihre Sprache als »anzanische Sprache« bezeichnen wollte, würde man jetzt kaum getadelt werden können. Dies kann sich jedoch in kurzer Zeit ändern. Denn vielleicht erweist sich diese Bezeichnung als nicht viel weniger glücklich, als wenn man, um ein modernes Beispiel zu gebrauchen, statt »italienische Sprache« sagen wollte »Sprache von San-Marino«. Wir haben nämlich allen Grund anzunehmen, dass die Sprache des kleinen Reiches Anzan mit derjenigen des grossen Reiches Elam identisch war[1]). Man erinnere sich hier zuerst der beiden anzanischen Königsnamen No. 1 und 2 in meiner Liste, welche mit dem von Sargon (Khors. 118) genannten Elamiten Šuṭurnaḫundi und bezüglich dem von Sanherib (Tayl. IV. 70) erwähnten Elamiten Kudurnaḫundi so genau übereinstimmen, dass man sie bisher sogar für dieselben Personen gehalten hat. Für mich gilt allerdings nur die Identität der Namen als gewiss. Ferner wird in den anzanischen Texten ein Gott *La-ḳa-ma-ar* oder *La-ga-ma-ri* genannt, von Ašurbanipal (V R 6, 33) ein elamitischer Gott *La-ga-ma-ru*. Der aus Gen. 14, 1 ff. wohlbekannte elamitische König כְּדָרְלָעֹמֶר ist längst als Kudur-Lagamar, ein echt elamitischer Name, erkannt, wenn es auch bisher noch nicht gelungen ist, ihn in der Keilschrift-Litteratur nachzuweisen. Endlich sei hier auf jenes vielberufene Vocabular K 2100 (veröffentlicht von K. Bezold in »Proceedings of the Society of Biblical Archaeology« Vol. 11 SS. 173 f. und 2 Tafeln) hingewiesen. Hier finden sich Obv. Col. 1, 20 und 40 zwei elamitische Namen des Wettergottes angegeben, Rev. Col. IV, 11 die elamitische Uebersetzung des Wortes »Gott«, ebenda ZZ. 17 und 18 elamitische Ausdrücke für »Göttin«. Rev. Col. IV, 9—11 bietet folgende Angaben (vgl. Theo. G. Pinches in »Academy« Vol. 32 S. 428. 1887):

ḳa - ad - mu	i - [lu]
di - gi - ru - ú	do.: ḫi - li - bu - ú
e-ne : do. SU^{ki}	nap: do. NIM^{ki}

---

[1]) Die geringen Ueberreste der elamitischen Sprache sind, soviel mir bekannt, am vollständigsten gesammelt bei FRDR. DELITZSCH »Die Sprache der Kossäer«. SS. 42—44. Leipzig 1884.

Das heisst: *kadmu* (ist soviel als) *i[lu]* (»Gott«);
digirû (bedeutet) dasselbe: (ebenso) *ḫilibû*;
ene [ist] dasselbe (im) Lande *SU*; *nap* dasselbe (im) Lande
NIM (»Elam«).

Nur die letzte Angabe interessiert uns jetzt. »Gott« hiess also im Elamitischen *nap*, genau wie in der Sprache der Achämeniden-Inschriften zweiter Art, für die ich die Bezeichnung »neususisch« vorgeschlagen habe. Andere neususische Wörter stimmen mit »anzanischen« überein. — Was liegt näher als anzunehmen, dass die »anzanische« Sprache keine andere als die elamitische war. Doch hiervon genug! Genaueres darf man von künftigen Funden erwarten.

Bevor ich zu einer Aufzählung der von mir geprüften Inschriftensammlung übergehe, ist es nöthig, die anzanischen Königsnamen etwas genauer zu betrachten. Wir haben bisher ihre Lesung als folgendermassen feststehend angenommen:

m Śu-ut-ru-uk-an Naḫ-ḫu-un-te
m Ku-tir-an Naḫ-ḫu-un-te
m Śil-ḫa-ak.

In jedem dieser drei Namen ist eine Schwierigkeit für das Lesen enthalten: in den ersten beiden sind es die Zeichen, welche durch *an Naḫ* umschrieben worden sind, im dritten Namen das Zeichen *śil*. Dass *an* vor *Naḫ-ḫu-un-te* nur Determinativ ist, geht aus der babylonisch-assyrischen Schreibung obiger Namen hervor, wo es bald geschrieben, bald weggelassen wird. Vgl. *m Ku-dur-na-an-ḫu-un-di* Sm. Asurb. S. 250. Z. 2 v. u. und *m Kudur-an Na-ḫu-un-di* Sanh. Tayl. IV, 80. Dies nur nebenbei! Das Zeichen *naḫ* ist in der assyrisch-babylonischen Literatur, soviel ich sehe, unbekannt. Dass es aber wirklich *naḫ* zu lesen ist, wird durch die Inschrift Loft. Taf. 11 bewiesen, wo sich öfter findet: *an Na-ḫ-ḫu-un-te*. Der dritte Name *m Śil-ḫa-ak* wird am Anfang stets mit einem Zeichen geschrieben, welches auch *tar*, *kut*, *ḫas*, *gug* gelesen werden könnte. Schon Lenormant und Oppert haben sich für die jetzt allgemein angenommene Lesung *śil* entschieden. Dieselbe scheint durch *Si-im-ti-Śi-il-ḫa-ak* I Rawl. 2, Nr. III, 5, den Namen des Vaters des Kudurmabuk, bestätigt zu werden. Letzterer nennt sich *AD-DA Ya-mu-ut-ba-la* »Vater«, d. i. doch wohl »Herrscher von Yamutbala«. Dieses Land ist höchstwahrscheinlich ein Theil Elams; vgl. Winckler, Untersuchungen S. 37. Die oben angeführte Inschrift Loft. Taf. 11 ist einer von den Texten, die ich nicht wiedergebe (s. unten S. 132). Sie rührt von dem König ^{m}*Un-taš-*^{an}*GAL*, dem Sohne des ^{m} ^{an}*Ḫu-um-ban-nu-me-na*, her. Lenormant liest diese beiden Namen *Urtaki* und *Xumbanigas*, Oppert *Undas-Arman* und *Humbabbakmásnagi*. Zu *Un-taš-*^{an}*GAL* bemerke ich, dass der erste Theil des Namens sowohl allein als elamitischer Name bezeugt ist: ^{m}*Un-da-si* Sm. Asurb. S. 171. 6 u. ö., ^{m}*Un-da-su* a. a. O. S. 172, 18, als auch in anderen Zusammensetzungen ^{m} ^{an}*Ḫu-um-ba-an-un-da-ša* Sanh. Tayl. V, 69, ^{al}^{m}*Dur-*^{m}*Un-da-si* V Rawl. 5, 73 u. a. Über ^{an}*GAL* vgl. unten zu Šutr. C. Z. 29. Der Name ^{m} ^{an}*Ḫu-um-ban-nu-me-na* kommt auch sonst in unseren Inschriften vor, meist in der Gestalt: ^{m} ^{an}*Ḫu-ban-nu-me-na* oder ^{m} ^{an}*Ḫu-ban-nu-um-me-na*. Ich möchte diesen Namen mit ^{m}*Um-ma-an-me-na-nu* (Sanh. Tayl. V, 3 u. ö.) identificieren. Sargon besiegte laut Khors. 23 den elamitischen König ^{m} ^{an}*Ḫu-um-ba-ni-ga-aš* bei Durilu. Die babylonische Chronik B erwähnt Col. I 33 ff. dieselbe Geschichte, nur dass es nach ihr scheint, als ob umgekehrt der Elamit gesiegt habe, und dass sie diesen ^{m}*Um-ma-ni-ga-aš* nennt. Sind aber ^{m} ^{an}*Ḫum-ba-ni-ga-aš* und ^{m}*Um-ma-ni-ga-aš* nur Varianten eines und desselben Namens, so sehe ich keinen Grund, dies nicht auch für ^{m} ^{an}*Ḫu-um-ban-nu-me-na* und ^{m}*Um-ma-an-me-na-nu* anzunehmen.

Ich komme nun zu einer Aufzählung der von mir untersuchten Texte. Dieselben werden in drei Glasschränken in einem Zimmer der Collections asiatiques des Louvre aufbewahrt. Tritt man von der Seite der Rue de Rivoli in dieses Gemach, so hat man an der Rückseite der Mittelwand rechts Schrank A, wie ich ihn bezeichnen will, links Schrank B, an der linken Fensterwand Schrank C. In jedem Schranke sind 4 senkrechte Reihen, die ich von links nach rechts als I, II, III, IV zähle[1]). Schrank C, Reihen III und IV enthalten fast nur Fragmente, Schrank B deren gar keine. Über die Bedeutung der Zeichen □ und ▭ vergleiche man S. 121.

1) Obwohl obige Zählung durchaus keinen officiellen Charakter hat, sondern lediglich von mir herrührt, so ist doch eine Umstellung der Backsteine bei ihrer ausserordentlichen Zerbrechlichkeit nicht so bald zu erwarten.

a) Ganz oder nahezu vollständige Inschriften.

Schrank A.

Reihe I.

1. *Ku-tir-*[an]*Nah-hu-un-te*. 6 Zeilen. ☐. Ein Riss von oben nach unten.
2. *Šil-ha-ak*. 7 ZZ. ▭. Ein ebensolcher Riss und unten ein Stück ausgebrochen.
3. Derselbe. 6 ZZ. ▭. Ein Riss.
4. Derselbe. 7 ZZ. ▭. Wohl erhalten.

Reihe II.

5. Derselbe. 6 ZZ. ☐. Schrift zum Theil verletzt.
6. ? $7^3/_4$ ZZ. ▭.
7. *Šil-ha-ak*. 6 ZZ. Ein Riss und zwei Stücke ausgebrochen.
8. *Šu-ut-ru-uk-*[an]*Nah-hu-un-te*. 5 ZZ. ☐. Mehrfach zerrissen und rechts an den Ecken verletzt.

Reihe III.

9. *Ši*. 6 ZZ. ☐. Wohl erhalten.
10. Derselbe. 7 ZZ. ▭. Wohl erhalten.
11. Ebenso.
12. Derselbe. 6 ZZ. ☐. Ein Riss.

Reihe IV.

13. Derselbe. 6 ZZ. ☐. Schrift undeutlich.
14. Derselbe. $6^1/_4$ ZZ. ▭. 2 Risse.
15. Derselbe. 6 ZZ. ☐. 2 Risse; 2 Stücke oben, 1 unten ausgebrochen; theilweise verwischt.
16. Derselbe. 6 ZZ. ☐. Mehrere Risse; Schrift zum Theil verklebt.

Schrank B.

Reihe I.

17. Derselbe. $5^1/_2$ ZZ. ☐. 2 durchgehende und einige kleinere Risse; Schrift zum Theil verklebt.
18. *K*. 5 ZZ. ☐. 1 Riss.
19. *Šu*. $4^3/_4$ ZZ. ▭. 1 Riss und kleinere Verletzungen.
20. *Ši*. 6 ZZ. Risse und andere Verletzungen.
21. Derselbe. 6 ZZ. ☐. 3 Risse.

Reihe II.

22. Derselbe. 6 ZZ. □. 1 Riss.

23. Derselbe. 6 ZZ. ▭. Aus 4 Bruchstücken zusammengesetzt; 2 Stücke fehlen.

24. Derselbe. 6 ZZ. □. Ein grosser und mehrere kleinere Risse; Schrift zum Theil verwischt.

25. Derselbe. 6 ZZ. □? Schrift zum Theil verwischt.

Reihe III.

26. Derselbe. 6¼ ZZ. □. 2 senkrechte Risse; Schrift sehr undeutlich.

27. Derselbe. 6 ZZ. ▭. Unbedeutende Risse; Schrift zum Theil sehr scharf.

28. ? 8 ZZ. □. 1 Riss und eine andere Verletzung; 1 Zeile unleserlich.

29. *Ši.* 6 ZZ. □. 2 Risse.

Reihe IV.

30. Derselbe. 6 ZZ. □. Mehrere Risse.

31. Derselbe. 7 ZZ. ▭. Unbedeutende Risse.

32. Derselbe. 6 ZZ. □. Mehrere tiefe und breite Risse; unvollständig erhalten; Schrift zum Theil verwischt.

33. Derselbe. 6 ZZ. □. 2 Risse.

Schrank C.

Reihe I.

34. *Šu.* 5 ZZ. ▭. 1 Riss.

35. *Ši.* 7 ZZ. ▭. 1 Riss.

36. Derselbe. 7 ZZ. ▭.

37. Derselbe. 7½ ZZ. ▭. 2 Risse; 1 Stück aus der Mitte und 2 Stücke an den Seiten ausgebrochen.

Reihe II.

38. Derselbe. 5½ ZZ. ▭. Geringe Verletzungen.

39. Derselbe. 7 ZZ. ▭. 1 Riss.

40. Derselbe. 7 ZZ. ▭. Viele Risse, aber Schrift wenig verletzt.

Reihe III.

41. *K.* 5 ZZ. ▭.

Reihe IV.

42. *Si.* 7 ZZ. ▭. Viele Risse, aber Schrift wenig verletzt.

Ausserdem:

43 bis 45. *Si.* 16 ZZ. □. Schrift auf der breiten Oberfläche, monumental. Alle mehr oder weniger verletzt. Diese Inschriften befanden sich während der Zeit meines Pariser Aufenthaltes im Arbeitszimmer des Herrn Ledrain.

b) Fragmente.

Schrank A.

1. Rothbraun (gebrannt). 8 ZZ. Sehr deutliche Schrift.

2. ?

3. Linke Seite eines Backsteines. *Šilḫak.* 6 ZZ., wovon die letzte sehr verstümmelt. Sehr deutliche Monumentalschrift.

Schrank C.

4. ?

5. Rechte Seite. 6 ZZ. Sehr undeutliche Schrift.

6. Linke Seite. *Šutr.* 5 ZZ.

7. Kleines Bruckstück mit 4 ZZ. unleserlicher Schrift.

8. Linke Seite. 5 ZZ.

9. 10. ?

11. Rechte Seite. Sohn des *Ḫalluduš* (= *Šutr.*?). 5 ZZ.

12. Rechte Seite. 5 ZZ.

13. Rechte Seite. 4 ZZ.

14. Linke Seite. *Šutr.* 4 ZZ. Schrift sehr gross, aber undeutlich.

15. Mittleres Stück. 6 ZZ. Schrift sehr undeutlich.

16. Linke Seite. *Šutr.* 5 ZZ.

17. Rechte Seite. Sohn des *Ḫalluduš.* 5 ZZ.

18. Rechte Seite. Sohn des *Šutr.* 6 ZZ. Schrift undeutlich.

19. Ebenso, nur etwas weniger erhalten.

20. Mittleres Stück. 8 ZZ.

21. Rechte Seite. Sohn des *Ḫalluduš.* 6 ZZ.

22. Mittleres Stück. Sohn des *Ḫalluduš.* 5 ZZ.

23. Rechte Seite. 5 ZZ.

24. Linke Seite. *K.* 6 ZZ.

25. Rechte Seite. Derselbe. 6 ZZ. Beträchtliches Bruchstück.

26. Oberer Theil. *Šilḫak.* 16 ZZ. Von der Art wie a) 43—45. Es dürfte nicht ohne Nutzen sein, hier ein Verzeichniss der Texte, nach den Namen der Herrscher angeordnet, anzuschliessen.

I. Šutruk-anNaḫḫunte.

4 ZZ. b) 14.

5 ZZ. a) 8, von mir bezeichnet als **Šutr. A**; a) 19 und 34, von mir bezeichnet als **Šutr. B**; b) 6; 16.

II. Sohn des Ḫalluduš.[1]

5 ZZ. b) 11; 17; 22.

6 ZZ. b) 21.

III. Kutir-anNaḫḫunte.

5 ZZ. a) 18; 41 von gleichem Inhalt.

6 ZZ. a) 1; b) 24; 25; b) 18; 19. Ich bezeichne a) 18; 41; 1 mit **Kut. A**, den Text, von welchem b) 24 und b) 25 Bruchstücke sind, mit **Kut. C**, b) 18 und b) 19 endlich mit **Kut. D**.

IV. Šilḫak.

5½ ZZ. a) 17; 38.

6 ZZ. a) 3; 5; 7; 9; 12; 13; 15; 16; 20; 21; 22; 23; 24; 25; 27; 29; 30; 32; 33; b) 3.

6¼ ZZ. a) 14; 26. Inhalt der bisher aufgezählten Inschriften Šilḫaks gleich, von mir mit **Šilḫ. A** bezeichnet. Ausgenommen sind a) 12 (**Šilḫ. B**) und b) 3 (**Šilḫ. C**).

7 ZZ. a) 2; 4; 10; 11; 31; 35; 36; 39; 40; 42.

7½ ZZ. a) 37. Auch diese Texte haben einen gleichen Inhalt (**Šilḫ. D**).

16 ZZ. a) 43; 44; 45; b) 26 (**Šilḫ. E**), nahezu identischer Text mit B.

V. Unbestimmbar und zweifelhaft.

b) 2; 4; 9, 10.

4 ZZ. b) 7; 13.

5 ZZ. b) 8; 12; 23.

---

1) Höchst wahrscheinlich = Šutruk-anNaḫḫunte. Denkbar ist aber auch, dass es mehrere Ḫalluduš gab oder dass Šutr. Brüder hatte.

6 ZZ. b) 5; 15.

8 ZZ. a) 6; 28. beide wohl gleichen Inhalts; b) 4; 20.

Ausser den eben aufgezählten Texten besitzt der Louvre noch eine Inschrift auf einem Sandstein, dessen vordere und hintere Seite beschrieben sind und je 11 Zeilenreste enthalten. Die Schrift ist monumental und etwa 2 cm hoch. Ausbeute gewährt der Text, wenigstens gegenwärtig, fast gar nicht, weshalb ich ihn nicht weiter berücksichtige. Aber auch von den obigen Inschriften sind von mir nicht alle berücksichtigt, theils aus dem eben angeführten Grunde, theils weil sie dem Copieren, obwohl ich mit einer vortrefflichen Lupe arbeitete, unüberwindliche Schwierigkeiten boten, wie namentlich einige Fragmente in der ungünstigen Beleuchtung des Schrankes C. Die Smith'schen Backsteine (vgl. oben S. 121) enthalten einen Text Šilḫ. A und bezüglich Šilḫ. D und weisen keine Abweichungen von den entsprechenden Inschriften des Louvre auf. Wichtig ist die grosse Inschrift Šutruknaḫḫuntes (von mir als **Šutr. C** bezeichnet), welche von Loftus und Lenormant veröffentlicht worden ist. Es erscheint rathsam, dieselbe hier zu wiederholen, da des Ersteren Copie den Wenigsten zugänglich ist, und diejenige Lenormant's zum Theil an Genauigkeit zu wünschen übrig lässt. Ferner habe ich die bei Loftus Tafel 12 veröffentlichte Inschrift (von mir **Kut. B** bezeichnet) aufnehmen zu müssen geglaubt, obwohl dieser Text nicht weniger als dreimal bereits veröffentlicht ist. Aber Lenormant hat seine Abschrift lediglich nach Loftus, Sayce die seinige wieder nach Lenormant angefertigt, sodass beiden selbständiger Werth fehlt. Meine Copie geht zwar auch auf Loftus zurück; da mir aber die Ergebnisse des Studiums einer ziemlich bedeutenden Anzahl anderer Inschriften zu Gebote stehen, ist es mir möglich, einen fast vollständig ergänzten und berichtigten Text zu liefern. Das ziemlich kleine Fragment b) 3 würde ich kaum aufgenommen haben, wenn es sich nicht durch das Duplicat Loftus Tafel 10 zu dem Texte Ši. C ergänzen liesse. Dagegen lasse ich alle übrigen von Loftus, Mordtmann und Lenormant gegebenen Texte bis auf Weiteres unberücksichtigt. Namentlich gehören hierher die beiden Inschriften des Königs *ᵐUn-tas-ᵃⁿGAL*, veröffentlicht bei Loftus Taff. 9 und 11, Lenormant Nrr. 38 und 39. Oppert hat eine davon umschrieben und übersetzt (a. a. O. SS. 191 f.). Da es mir jedoch nicht geglückt ist, viel mehr als jene Namen in den vorhandenen Abschriften mit Sicherheit zu lesen, oder in der von mir durchforschten Sammlung Originale zu entdecken, so erachte ich es unbedingt für geboten, abzuwarten, bis mir solche zugänglich werden.

Ich lasse nun die Texte in lateinischer Umschrift folgen. Dieselbe ist der bei assyrischen Inschriften üblichen Transscriptionsmethode nachgebildet. Betreffs des Einzelnen bitte ich die beigegebene Schrifttafel zu vergleichen. Wo ich die Zeichen nicht zu Wörtern zu verbinden vermochte, ist dies an dem Mangel von Bindestrichen kenntlich.

Texte in Transscription.

I. Inschriften Šutruknaḫḫuntes.

A.

Unediert, a) 8.

1. ŭ [m]Šu-ut-ru-uk-[an]Naḫ-ḫu-un-te ša-ak [m]Ḫal-lu-du-uš [an-in]
2. Šu-ši-na[-ak] gi-ik su-un-ki-ik ➤— An-za-an ➤— Šu-šu-un-ḳa [m] [an][Ḫu-ban-]
3. nu-me-na si-ya-an [an]Ki-ri-ri-ša ➤— li-ya-an ir ra-me [ḫa la-]
4. at im-ma ku-ši-iš a-ak mi-ši-ir-ma-ma ŭ sar-ra-h e ri-[en-nim?-]
5. na pe-ip-ši-ir-ma-h a-ak ku-ši-h a-ak [an]Ki-ri-ri-ša na-pir-ú-ri [i-du-ni-h].

B.

Unediert. Nach a) 19 unter Berücksichtigung der Duplicate a) 34, dessen Zeileneintheilung in ( ) angegeben ist, und b) 47 (?). Ein drittes (?) Duplicat (Zeileneintheilung in [ ]) bietet Loftus Taf. 8, wonach Lenormant No. 31 S. 115, wonach Sayce a. a. O. Tafel No. 1, umschrieben und übersetzt von Oppert a. a. O. S. 187 No. 3 und von Sayce a. a. O. S. 180.

1. ú [m]Šu-ut-ru-uk-[an]Naḫ-ḫu-un-te [a)]ša-ak [m]Ḫal-lu-du-uš an-in (2.) Šu-ši-
2. na-ak [2.] gi-ik su-un-ki-ik An-za-an Šu-šu-un-ḳa (3.) e ri-en-tù-
3. um ti pu-h [b)][3.] a-ak ḫi-ya-an [c)]an-in Šu-ši-na-(4.)ak na-pir-ú-ri
4. me [d)]a-ḫa-an [4.] ḫa-li-h ma [e)]ḫu-ud-dák' ḫa-li- (5. ku-me [f)]an-in Šu-
5. ši-na-ak [5.] na-pir-ú-ri [g)]in-li-na [h)]te-la-ak-ni.

Varianten: *Fragm. b' 17: *da-ak.* a) Sayce *ti.* b) Oppert *e rienqus tibu*: Sayce *e-ri zu-ib us ti-bu-khi.* c) Oppert *hišean.* d) Opp. *susinak napir-uri-mas*; Sayce *Su-si-na-ak-na pir-u-ri-mas.* e) Opp. und Sayce *pa(-)bar.* f) Opp. *hut in-halik-umas*; Sayce *khu-ut-in kha-li-ik hu-mas.* g) Opp. *susinak. Napar-uri*: Sayce *Su-si-na-ak-na pir-u-[ri].* h) Opp. *in lina.*

C.

Loftus a. a. O. Taf. 13; Lenormant a. a. O. SS. 116 ff. Nr. 32; vgl. Oppert a. a. O. SS. 188 ff.

1. ú mŠu-ut-ru-uk-anNaḫ-ḫu-un-te ša-ak mḪal-lu-du-uš an-in Šu-ši-na-ak gi-ik li-ba-ak [ḫa-ni-ik][a]
2. gi-ik su-un-ki-ik[b] An-za-an Šu-šu-un-ḳa an-in Šu-ši-na-ak na-pir-ú-ri ur-taḫ-ḫa-an-ra . . . .[c]
3. .?. [d]am ki-ru[e] ḳa-ar-na e a-ak ma-áš-gi-el šu sa-h-ti[f] e ➤ [g] a-a ḫi(?)-te(?)-ik tu-uš(?)-šu-?-?- . . . . . .[h]
4. .?. ak[i] ➤ Šu-šu-un te-en-gi-h a-ak ir-ki-in-ti ú-mi-ma an-in Šu-ši-na-ak na-pir-ú-ri i[-du-ni-h][j].

Es folgt eine leere Zeile.

5. ú mŠu-ut-ru-uk-anNaḫ-ḫu-un-te ša-ak mḪal-lu-du-uš an-[in Šu-ši-na-][k]
6. [ak][g] gi-ik su-un-ki-ik An-za-an Šu-šu-un-ḳa li-ku me ri ša-ak . . [su-un-ki-[l]
7. ip][g] ur-pu-ub-ba aḳ-ḳa-ra ḫu-te-e ḫu-sa ḫi-te-ik ip-pa in ri du . . . .[mŠu-[m]
8. ut-ru-]uk-anNaḫ-ḫu-un-te[n] an-in Šu-ši-na-ak na-pir-ú-ri[o] ur-taḫ-ḫa-an-ra . . . .[p]
9. . . . . la-ak ú me[q] ḫa h pu-un-ra ḫu-te-e ḫu-sa ḫi-te-ik ip-pa ú up-ša-am . . . .
10. . . . . . . ru up-ša-am mi-iš ta pu-ul ki ša li ip ri ➤ ta ḫi ir ma an ḫu-ma(?) . . . .
11. . . . . . . a-ak ➤ te-e-da me-te-en-ta gi-lu-ú ➤ ki el zu-um-me-ya in . . . .
12. . . . . . . ti ➤ te-e-da ḫu-ma-an-ta gi-lu-ú šu-h-ti-ya ma ri en . . . .
13. ru- . . ḫa-aš ? uz zu un ta ➤ ša h na am ki el me-te-en-da . . . .
14. uk . ma in ḳa li ik ti a-ak te ir ki na hu-ma-ak-ti a-ak . . . .

15. ta gi-il-lu un te ku ni it te ma ḫu-te-e ḫu-sa ḫi-te-ik ip-pa a . . . .
16. su-un-ki-ip ur-pu-ub-ba aḳ-ḳa-ra im-me du-ur-na-aš ➤— ša li ir ➤— mi mu ? . . . .
17. a-ak . . ➤— lu-up-pu ni ir ra aḳ-ḳa-ra im-me ú ša-am-mi-iš a-ak ➤— at-tù . . . .
18. du ḫu . . me ḫu-ut la an-ḳa hi-iš a-ak im-me ú tù ru uš a-ak tù ut ri na im (?) . . . . . .
19. pu-h . . an-in Šu-ši-na-ak na-pir-ú-ri ú tù-uk a-ak ḫu-te-e ḫu-sa ḫi[-te-ik . . .]
20. ur ša . . am me en ra ba aḳ ḳa h a-ak ḫa-al ḫa-ap-ti-iš li ku ku ut ḫa a . . . .
21. ku ú ki ḳa a ḫa ḫu-ma-h e an-in Šu-ši-na-ak na-pir-ú-ri su-un-ki-ip ur-pu-ub-ba ḫu-sa ḫi-te[-ik] . . . .
22. si-ya-an um-me ma te-en-gi-h ši-ta mu-ru ḫu-ma-h ši-ta im-me du-ur-na-h ru (?) me ba la ar . . . .
23. a-ak ➤— ul pu h ši i gi ba la ap me ma pi-it-te-iš ^{m}ba la iš-ša-an ḫu-ma-aš a-ak . . . .
24. te-iš ^{m}pa ḫi ir iš-ša-an ḫu mi ḫal ḫa pir ti pe el ši-ta ḫu-ma-aš a-ak ➤— a-a ḫi-te-ik . . . .[r]
25. ^{m}at-tar ki-it-taḫ ḫu-ma-aš a-ak ➤—[g] Šu-šu-un si-ya-an ma pi-it-te-iš e an-in Šu-ši[-na-ak] . . . . .[s]
26. [t]nu un taḫ-ḫa-an-ta ŭ ^{m}Šu-ut-ru-uk-^{an}Naḫ-ḫu-un-te ḫu-sa ḫi-te-ik mu ru ba aḳ ḳa . . . .[u]
27. [t]ak a-ak[v]ku-uš ➤—[g] Šu-šu-un zu ul mu ru un a-ak[v] li im li ku un ? ba at? . . . .[w]
28. pu-uk-ri-ir me ma da at ta ḳa pu-uk-ri-ir mu ur ḫu h[x] ḫu-ut ḫu-ma-aš ta . . . .
29. an-in Šu-ši-na-ak na-pir-ú-ri ik pir? tu um ba h a-ak su-um-mi-in ^{an}GAL? [a-ak an-in]
30. Šu-ši-na-ak na-pir-ú-ri me a-ḫa-an ḫu h ? a-ak a li me lu si-ya-an ma an [-in Šu-ši-na-ak]
31. na-pir-ú-ri i? ru? ma ta at taḫ ḫu-sa a li ku . . . . ma ḫa XXX? gi-im za ba-ar ki ik? . . . .
32. ḫa-al ḫa-ap-ti-iš ya MMCCCC(?)LV gi ? pu-]uk-ri-ir ki ik ki ir me ḳa ra áš . . . .

33. MMM(?)CCCC(?)XV ḫu-sa ḫi-te-ik be ḫu h . . ur? an ḫa? al mi ma ta . . . .

Varianten [a]) bei Opp. keine Lücke. [b]) O. *sunkik* (st. *šunkik*!). [c]) O. *naparuri* 365 *annin šuh* . . . . [d]) O. hat keine Lücke. [e]) O. *Amkira*. [f]) O. *ăak masgil sušahte*. [g]) fehlt bei O. [h]) *aihitek tussumap* . . . . [i]) O. *-ak*. [j]) O. *napar-uri-i*. [k]) O. *an*[*'in susinak gik libak*]. [l]) O. *likumas risak* [. . . . . . . *šunkip*]. [m]) O. *hute hušahitek ippa in ridu* [*u mas* . . .]. [n]) O. *Sutruk-*(*an*) *Nahhunte*. [o]) Das Wort fehlt bei O. [p]) O. [*aak* . . .]. [q]) [*Inni ha*] *lakumas*. [r]) . . . . . *humi* (*Hal*) *Haparti ilsitè humas àak aïhitek t* . . . . . . [s]) O. *susinak*. [t]) O. . . . . . . [u]) O. *murubakka* . . . . [v]) O. *ăak*. [w]) O. *bate*(*h*). [x]) *bukrirmas madat taka bukrir murrih*.

Bemerkungen.

A.

Z. 1. *ŭ*, mit *ú* abwechselnd, ist das aus den »neususischen« Inschriften wohlbekannte Fürwort der 1. Sing. »ich«. — *šak* ist ebenso bekannt »Sohn«, neususisch *šakri*, wobei *-ri* nach Oppert Possessiv-Endung ist. — Die Ergänzungen dieser Inschrift werden durch andere Texte, namentlich durch den siebenzeiligen Šilḫaks gesichert, von dem ein grosser Theil völlig gleichen Wortlaut hat. Schwierigkeiten macht nur der Ausgang der 4. Zeile, worüber unten. — ZZ. 1 f. *an-in Šu-ši-na-ak* übersetzt Oppert »susischer König«, Sayce »König der Susier«. Letzteres ist noch weniger wahrscheinlich als ersteres. Der Plural endigt im Neususischen auf *-p* oder *-pe*, während *-k* gerade umgekehrt unterscheidende Endung des Partic. Pass. im Singular ist. Nach Ašurbanipal (V Rawl. VI, 30 ff.)[1] war »Šušinak« für die Elamiten »der Gott ihrer [Schicksals]bestimmung, der an verborgenen Orten wohnt, dessen göttliches Treiben niemand sieht«. Wenn das Wort auch hier diese Bedeutung hat, woran zu zweifeln kein Grund vorliegt, dann kann *an-in* auch nicht »König« sein. Etymologisch hatte Sayce dieses Wort mit »akkadisch« *en* »Herr« verglichen, Oppert mit »medisch« (d. i. neususisch) *ùnan*, welches nur an einer Stelle vorkommt (NR 28) und sich inzwischen als Accusativ des Personalpronomens *ú* herausgestellt hat. Ich weiss übrigens keine sichere Erklärung vorzuschlagen.

Z. 2. *gik* ist irgend ein Titel; denn es findet sich immer in

---

1 Vgl. hierzu Delitzsch, Kossäer, S. 42 und Jensen in »Keilinschr. Bibliothek« Bd. 2 S. 204 Anm. o).

gleichem oder ähnlichen Zusammenhang wie hier. Opp. »Herr«, Sayce »mächtig«. — *sunkik* ist längst mit neusus. *zunkuk* »König« zusammengestellt worden. Der regelrechte Plural dieses Wortes findet sich in der grossen Inschrift C. ZZ. 16 und 21: *sunkip*. — *Anzan Šušunka* findet sich ohne Unterschied mit oder ohne das Orts-Determinativ ⟼. Die Schlussfolgerungen, welche Winckler (»Untersuch. zur altorient. Gesch.« S. 115) von der irrigen Voraussetzung, dass beide Worte nur ohne Determinativ vorkämen, in Bezug auf ihre Bedeutung ableitet, müssen demnach fallen. Opp. übersetzt »Ebene« oder »Provinz Susiana«, Sayce »von Elam, der Susier«. Ich selbst fasse *Anzan* gleichfalls als Landesnamen, ebenso *Šušunka*, gegen dessen Deutung als »der Susier« schon das Determinativ ⟼ sprechen würde. Wie aber die Form des Wortes zu erklären sei, vermag ich nicht anzugeben. — ZZ. 2 f. ^{m} ^{an}*Hu-ban-nu-me-na* ist vielleicht dieselbe Person mit dem Vater des *Un-tas-*^{an}*GAL* (vgl. S. 127). Dann würde dieser nicht der jüngste, wie Oppert meint, sondern der älteste anzanische König sein, von dem wir Inschriften besitzen. Zwischen *nu* und *me* fügt a) 12 Z. 2 noch *-um-* ein. Ebenda und anderwärts fehlt das Determinativ ^{m} vor dem Namen.

Z. 3 *siyan* ist ein sehr häufiges Wort; Opp. vergleicht es, wohl mit Recht, mit neusus. *ziyan* »Tempel«. Dass ^{an}*Ki-ri-ri-ša* und nicht *an-ki-ri-ri-ša* zu umschreiben sei, möchte ich aus Zusammenstellungen wie Ši. B 6 ^{an}*GAL a-ak* ^{an}*Ki-ri-ri-ša* schliessen. Einen, wenn auch sehr schwachen Anhalt zur Deutung des Wortes könnte möglicherweise das bereits erwähnte Vocabular K. 2100 bieten, wo es Rev. Col. IV, 15—18 heisst:

du-ur-du-ú : *il-tum*	*ka*(?)*-nu-tu* : *il-tum*
il-tum : *iš-ta-ru*	*aš-ta-ru* : *do.* *MAR*
ki-ri-ir	*do.* *NIM*^{ki}
(*ú-sa-an*) *GUN*	*do.* *NIM*^{ki}

Das bedeutet: *durdú* = *iltum* (»Göttin«); *ka*(?)*nutu* = *iltum*
iltum = *ištaru* ; *aštaru* ebenso (im Lande) *MAR*
kirir ; ebenso (im) Lande *NIM* (»Elam«)
GUN (mit der Aussprache) *usan* ; ebenso (im) Lande *NIM*.

kirir und *usan* sind also elamitische Wörter für »Göttin«; ersteres könnte mit ^{an}*Kiriri*ša verglichen werden. Vielleicht darf man auch an die von Ašurbanipal V Rawl. VI, 39 erwähnten Gottheiten *Karsa* und *Kirsamas* denken? — *liyan*, immer mit dem Determinativ ⟶ versehen, vermag ich nicht zu erklären. — Die nächsten Zeichen, welche bei Kutirnaḫḫunte und bei Šilḫak im siebenzeiligen Texte in gleichem Zusammenhange wiederkehren, weiss ich noch nicht zu Wörtern zu verbinden.

Z. 4. *im-ma* findet sich auch in anderem Zusammenhange z. B. a) 12 Z. 4: *ri-en-nim im-ma ku-ši-h*; ob es blosses Suffix oder selbständiges Wort sei, lässt sich noch nicht entscheiden. — *ku-ši-iš* ist aus der neususischen Inschrift II wohlbekannt, wo Ableitungen von dem Stamme *kuši* nicht weniger als sechsmal vorkommen. Die Bedeutung »bauen« oder »gründen« ist ebenfalls längst erkannt. *kušiš* ist 3. Pers. Aor. wie im Neususischen, die 1. Person, wie wir gleich sehen werden, *kuših*. — *a-ak* entspricht neususischem *yiak*, welches mit denselben Zeichen geschrieben wird: »und«. — *mi-ši-ir-ma-ma* findet sich ebenso geschrieben im siebenzeiligen Texte Šilḫaks, a) 18 Z. 3 und a) 41 Z. 3. Dagegen steht a) 1 ZZ. 3 f. *mi-ši-ir-ma-h-ma*, im sechszehnzeiligen Texte Šilḫaks Z. 8, a) 12 Z. 3 und sonst in den sechszeiligen Texten *mi-ši-ir-ma-na*; a) 5 Z. 3 lässt *-na*, vielleicht durch Versehen, aus. Die Bedeutung ist unbekannt, nach Oppert's Vermuthung »alt«. — *ŭ sar-ra-h* ist 1. Sing. Aor. eines Stammes *sarra*. Dies ergiebt sich aus dem Voranstehen des Pronomens *ŭ* »ich«, welches in Parallelstellen, z. B. Ši. A. auch fehlt, aus neusus. *tah* »ich sandte«, 1. Sing. Aor. von *ta* und anderen Umständen. Die Lesung des Zeichens *sar* (nicht *šar* oder *ḫir*, was an sich auch möglich wäre) folgt aus b) 25 Z. 3 u. a.: *mi-ši-ir-ma-na sa-ri-h*. Der Wechsel von doppelter und einfacher Schreibung des Consonanten wird, im Hinblick auf die Häufigkeit dieser Erscheinung im Neususischen, kaum auffallen; ebensowenig derjenige zwischen *a* und *i* am Ende des Stammes, wozu man neusus. *hutta* — *hutti* »machen«, *tarta* — *tarti* »verbergen« und ähnliches vergleiche. Der Lesart *sarih* verdanken wir endlich auch die Bedeutung des Wortes; neusus. *sari* entspricht altpers. *ni* + *kan* »zerstören«. — ZZ. 4 f. Die Ergänzung des letzten Wortes ist unsicher, da keine der mir bekannten Parallelstellen vollständig mit der vorliegenden übereinstimmt. In den siebenzeiligen Texten Šilḫaks findet sich *e ri-nim im-ma pe-ip-ši-im-ma*, a) 18 *e ri-nim im-ma pe-ip-ši-ir-ma-h*; a) 1 und a) 41 fügen zwischen *ri* und *nim* noch *en* ein.

Das Zeichen *nim* hat bekanntlich auch die Lautwerthe *num* und *tum*. Im Hinblick auf a) 19 *e ri-en-tù-um* könnte man auch hier den Lautwerth *tum* vermuthen. Freilich begreift sich eine Variante *e ri-tum* neben *e ri-en-tum* schwerer als *e ri-nim* neben *e ri-en-nim*.

Z. 5. *na-pir-ú-ri* ist sehr häufig nach *an-in Šu-ši-na-ak* oder in der gleichen Verbindung wie hier. Sayce übersetzt es »alle«, Oppert »Diener«, indem er neususisch *lapáruri* vergleicht. Sicher scheint mir dieses durchaus nicht. — *i-du-ni-h* ist eine 1. Sing. Aor. mit unbekannter Bedeutung.

B.

ZZ. 2 f. Die Zeichen *-en-tù-um ti pu-h* glaube ich richtiger gelesen zu haben als meine Vorgänger, ohne damit freilich den dunkeln Sinn der Stelle enthüllen zu können.

Z. 3. *ḫi-ya-an* ist ganz deutlich, nicht *hišean*, wie Oppert will. Damit fällt auch seine Vergleichung mit neusus. *hiše* »Name«. Sayce giebt dem Worte, anscheinend mit nicht besserer Begründung, die Bedeutung »derselbe«.

Z. 4. *me* ist möglicherweise Abstract-Endung wie im Neususischen. — *a-ḫa-an* weiss ich nicht zu erklären. Opp. übersetzt »niemals«, Sayce »hier«. — *ḫa-li-h* ist eine 1. Sing. Aor. von einem Stamme *ḫali*; ob das folgende *ma* mit zur Form gehört, kann ich nicht entscheiden. Von dem Stamme *ḫali* ist auch *ḫa-li-ku-me* abgeleitet, welches in dem Loftus'schen Duplicate und anderwärts *ḫa-li-ik-ú-me* geschrieben ist. Der Form nach ist es ein Partic. Pass. mit Abstract- oder Collectivendung *-me*, eine Bildung, welche mit neusus. *titkime* (für *titukkime*) von *titukka* »Lüge« zu vergleichen ist. Die Bedeutung von *ḫali* ist mir unbekannt. — *ḫu-ud-dàk* oder wie Fragment b) 17, die Lesung sichernd, bietet *ḫu-ud-da-ak* ist 3. Sing. Aor. Pass. (oder Intrans.), welche im Neususischen mit dem Part. Pass. formell zusammenfiel. Der Stamm *hutta* im Neusus. bedeutet 1. »machen«, 2. »senden«. Jedenfalls haben wir hier die erste Bedeutung anzunehmen. In Loftus' Duplicat ist das 3. Zeichen ziemlich undeutlich und deshalb von Lenormant, Oppert und Sayce missverstanden worden. Es ist entschieden nichts anderes als jenes Zeichen *tak*, welches auch *šum* gelesen werden kann und sonst auch öfter in unseren Texten vorkommt. Vgl. beispielsweise Ši. A Z. 6.

Z. 5. *in-li-na*, welches Opp. in zwei Worte zerlegt, ist mir völlig unerklärlich. — *te-la-ak-ni* hat die Form einer 3. Sing. Prec. Pass. (Intrans.) von einem Stamme *tela*. Im Neususischen lautet die Endung des Precativs *ne*, wird aber mit demselben Zeichen *ni* geschrieben. Die Bedeutung ist mir völlig unbekannt. Oppert vergleicht »sumerisch« *tinla*, *tila* (?) »leben«.

Es dürfte nicht uninteressant sein, hier Oppert's und Sayce's Uebersetzungen der eben besprochenen Inschrift zu erfahren, zumal da man aus Obigem ersehen kann, wie viel, bezüglich wie wenig jetzt, also 17 Jahre später, davon als sicher gelten darf.

Oppert:

»Ich bin Sutruk-Nakhuntē, Sohn des Halludus, susischer König, der Herr, welcher herrscht über die Ebene Susiana. Ich habe einen Palast aus Ziegeln erbaut, und niemals geschändet den Namen des susischen Königs im Dienst (der Götter). Dieses Denkmal bestehe ohne Ende, unberührt von der Schmach des susischen Königs, des Dieners der Götter!«

Sayce:

»Ich, Sutruk-Nakhkhunti, Sohn des Khalludus, König der Susier, der mächtige Herrscher von Elam, der Susier, der Diener (?) .... und derselbe König aller

Susier

hier.

bin gross ...... gross geworden bin ich (?) König aller Susier; Herrschaft (?) ist mir verliehen worden (?).«

C.

Keine Zeile dieser Inschrift ist vollständig erhalten; es fehlen überall am Ende etwa 3 bis 5 Zeichen, bei einigen Zeilen ist auch der Anfang verstümmelt, seltener Stellen in der Mitte. Die ersten vier Zeilen scheinen, wenigstens nach Loftus' Copie, bedeutend schlechter geschrieben oder erhalten zu sein als die übrigen. Verbesserungen und Ergänzungen habe ich nur dann aufgenommen, wenn sie mir über jeden Zweifel erhaben erschienen. Vielleicht habe ich hierin zu wenig gethan; dieser Vorwurf wird mir aber minder unangenehm sein als der umgekehrte. Die Inschrift enthält zudem viele ἅπαξ λεγόμενα, die natürlich das Verständniss noch weit mehr hindern. Selbst Oppert hat nur theilweise (ZZ. 1—9; 24—28) eine Uebersetzung versucht.

Z. 1. *ḫa-ni-ik* ergänze ich nach dem siebenzeiligen Texte Šilḫaks und anderen Stellen. Die Bedeutung muss ähnlich wie die von *yik* und *libak* gewesen sein.

Z. 2. Oppert's Lesung des Schlusses ist unzutreffend. Die von Loftus angegebenen Zeichen und Zeichenreste sind entschieden nach Z. 8 zu verbessern und zu ergänzen. Schade, dass damit auch des ersteren romantische Uebersetzung: »Ich, der susische König, habe die 365 Tage des Jahres über das zukünftige Leben nachgesonnen« hinfällig wird.

Z. 3. *ḫi-te-ik* ist nicht ganz sicher. Wahrscheinlich ist es selbständiges Wort, da es öfter noch in der Inschrift in anderer Verbindung vorkommt.

Z. 4. Das letzte Wort, von dem nur *i-* erhalten ist, ergänze ich nach Stellen wie a) 8 Z. 6 *anKi-ri-ri-ša na-pir-ú-ri i-du-ni-h* oder a) 18 Z. 5 = a) 27 Z. 7 *a-ak ir-ki-in-ti ni-ḳa-me-ma anKi-ri-ri-ša na-pir-ú-ri i-du-ni-h*. Dieser Satz ist zugleich geeignet, über unsere Stelle einiges Licht zu verbreiten. Abgesehen von *anKiririša* und *an-in Šušinak* stehen sich gegenüber: *ni-ḳa-me-ma* und *ú-mi-ma*. Neusus. *nikami* bedeutet »unser«; *ni-ḳa-me-ma* dürfte dasselbe Wort mit der Lokativ-Endung *-ma* sein. Dann könnte *ú-mi* »mein« bedeuten? Oppert: »für mich allein«.

Z. 5. Oppert's Ergänzung scheint mir viel zu umfangreich.

Z. 6. Von hier an bis Z. 13 fehlen auch am Anfang der Zeilen 1—3 Zeichen. Die Ergänzung des Schlusses, welche bereits von Opp. herrührt, stützt sich auf ZZ. 16; 21.

Z. 7. *aḳ-ḳa-ra* identificierte schon Opp. mit neusus. *akkara* »wer auch immer«.

Z. 10. Dass ➤— immer nur Determinativ sein soll, möchte ich im Hinblick auf das häufige Vorkommen des Zeichens in dieser Inschrift bezweifeln.

Z. 11. *me-te-en-ta*, wohl identisch mit *me-te-en-da* Z. 13 (vgl. Ši. E Z. 10 *ta-ak-ki-me* statt gewöhnl. *da-ak-ki-me*), hat die Form einer 2. Sing. Fut. von einem Stamme *mete* (= neusus. *mite* »gehen, marschieren«?).

Z. 12. *ḫu-ma-an-ta* ist die gleiche Form von *ḫuma*. Bedeutung unbekannt, nach Opp. »besetzen«. Davon auch 1. Sing. Aor. *ḫu-ma-h* ZZ. 21; 22, 3. Pers. Aor. *ḫu-ma-aš* ZZ. 23; 24; 25; 28; 2. Sing.

Fut. (?) Pass. *ḫu-ma-ak-ti* Z. 14. Gehört hierher vielleicht auch *ḫu-mi* Z. 24? Es würde dies eine Nebenform von *ḫu-ma-h* ohne *-h* sein, die im Neususischen gebräuchlicher ist.

Z. 16. *ur-pu-ub-ba* hat schon Opp., wie mir scheint mit Recht, zu neusus. *irpippi* »die früheren« gestellt. — *im-me*, auch Z. 22 vorkommend, ist vielleicht Negation, neusus. *inne*. — *du-ur-na-aš* ist 3. Pers. Aor. des aus dem Neususischen wohlbekannten Stammes *durna* »kennen, wissen«. Die 1. Sing. Aor. *du-ur-na-h* findet sich Z. 22.

Z. 29. *su-um-mi-in* ist doch wohl = neusus. *zaumin* »durch die Gnade, im Schutze«. — ^{an}*GAL* ergibt sich durch Hinzufügung eines einzigen Keiles in der Lücke und ist wohl zweifellos richtig ergänzt. Der »grosse Gott« wird in unseren Inschriften öfters erwähnt, z. B. Ši. E Z. 14 = Ši. B Z. 6, in a) 6 und a) 28 und in dem Namen des 4. anzanischen Königs, von dem wir Inschriften besitzen: *Un-taš-*^{an}*GAL*. Die Frage entsteht nun, wie dieser Name lautlich zu lesen sei. Oppert schlägt vor, »provisorisch« Arman zu lesen, weil Armannu in einem assyrischen Texte als Gott Susas genannt werde. Da dies aber mit vielen Namen geschieht, so kann ich seine Lesung nicht annehmen, freilich auch, wie so oft, keine andere dafür geben. II Rawl. 57, 18 wird das assyrische Ideogramm ^{an}*GAL* durch ^{an}*A-A* erklärt; dies wieder bedeutet den Gott Malik. Hiermit müssen wir uns vorläufig bescheiden.

II. Inschriften Kutirnahḫuntes.

A.

Unediert. Nach a) 18 unter Berücksichtigung der Duplicate a) 1 (Zeilenanfänge in ( )) und a) 41 (Zeilenanfänge in ⌊ ⌋).

1. ú ^{m}Ku-tir-^{an}Naḫ-ḫu-un-te ša-ak ^{m}Šu-ut-ru-uk-^{an}Naḫ-ḫu-un-te gi-ik (2.) su-un-ki-ik
2. ⌊2.⌋ ➤ An-za-an ➤ Šu-šu-un-ḳa ^{m} ^{an}Ḫu-ban-nu[a)]-me-na si-ya-an ^{an}Ki-(3)ri-ri-ša ➤ li-ya-an ir-ru[b)] me ḫa ⌊3.⌋ la-
3. at im-ma ku-ši-iš a-ak mi-ši-ir-ma[c)]-ma (4.) ŭ sar-ra-h e ri[d)]-nim im-ma pe-ip-ši- ⌊4.⌋ ir-ma-h a-ak
4. ku-ši-h a-ak (5.) da-ak-ki-me ú mi ni ^{sal} ^{an}Naḫ-ḫu-un-te ú-ut-me a-ak pu-ḫu ⌊5.⌋ e ma

5. (6.) in-ti-iḳ-ḳa a-ak ir-ki-in-ti ni-ḳa-me-ma [an]Ki-ri-ri-ša na-pir-ú-ri i-du-ni-h.

Varianten: [a]) a) 1 fügt *-um* ein. — [b]) a) 1 und a) 44 *-ra*. — [c]) a) 1 fügt *-h* ein. — [d]) a) 1 und a) 44 fügen *-en* ein.

B.

Loftus Taf. 12, danach Oppert a. a. O. SS. 184 ff. und Lenormant Nr. 35 S. 121, nach letzterem Sayce a. a. O. Taf. No. 2, umschrieben und übersetzt von Oppert a. a. O. und Sayce a. a. O. S. 479.

1. ŭ [m]Ku-tir-[an]Naḫ-ḫu-un-te ša-ak [m]Šu-ut-ru-uk-[an]Naḫ-ḫu-un-te
2. [gi-ik] li-ba-ak ḫa-ni-ik an-in Šu-ši-na-ak gi-ik su-un-ki-ik
3. An-za-an Šu-šu-un-ḳa ?-? [an]La-ga-ma-ri me mi-ši-ir-ma-na sar-ra-ḫ
4. [pe-ip-]ši-ir-ma-h a-ak ku-ši-h e an-in Šu-ši-na-ak na-pir-ú-ri ḫu-ut-ta-ak
5. ḫa-li-ku-me li-ma-nu te-la-ak-ni
6. na.

C.

Unediert. Nach b) 24 und b) 25 zusammengesetzt.

1. ŭ [m]Ku-tir-[an]Naḫ-ḫu-un-te ša-ak [m]Šu-ut-ru-uk-[an]Naḫ-ḫu-un-te gi-ik
2. li-ba-ak ḫa-ni-ik an-in Šu-ši-na-ak gi-ik ku-um pu um ki du ú ya?
3. ú pa-at-ma ku-ši-ik a-ak mi-ši-ir-ma-na sa-ri-ḫ a-ak e ri-en-tù-um-ma
4. ku-ši-ḫ a-ak an-in Šu-ši-na-ak na-pir-ú-ri i si ma ša ḫ e an-in Šu-
5. ši-na-ak na-pir-ú-[ri] ḫu-ut-ta-ak ḫa-li-ik-ú-[me] li-ma-nu te-la-ak-ni
6. a-ak a-[ḫa-an ḫi-h] si tù ?-? ti-ni.

D.

Unediert. Nach b) 18.

1. [ŭ [m]Ku-tir-[an]Naḫ-ḫu-un-te ša-]ak [m]Šu-ut-ru-uk-[an]Nah-ḫu-un-te gi-ik
2. [li-ba-ak ḫa-ni-ik an-in Šu-ši-]na-ak gi-ik su-un-ki-ik ➤— An-za-an
3. [➤— Šu-šu-un-ḳa] ?-? si-ya-an an-in Šu-ši-na-ak me
4. [ku-ši-]iš a-ak mi-ši-ir-ma-na ŭ sar-ra-h
5. [ ]? ši ya ma ta-al-lu-ḫ a-ak
6. [ ] na-pir-ú-ri me a-ḫa ku-ši-ḫ.

Bemerkungen.

A.

Besondere Beachtung verdienen die Varianten, welche sämmtlich in der neususischen Sprache Analogien haben. Ueber die Verdoppelung der Consonanten, wie *Hubannumena* — *Hubannummena*, *rinim* (*renim*) — *riennim* (*rennim*) ist schon oben gesprochen worden. Zu *ir-ru* — *ir-ra* vergleiche man neusus. *Napkuturruzir* — *Napkuturrazir* »Nebukadnezar« und andere Fälle (zusammengestellt in meiner Ausgabe der Achämeniden-Inschriften zweiter Art S. 48 ZZ. 3 ff.). Die facultative Zufügung von *h*, wie in *miširmama* — *miširmahma*, weist auch neususisch *hupe* — *huhpe* »jener« auf. — Z. 4 und 5 haben einen ähnlichen Inhalt wie Ši. E ZZ. 9 bis Schluss = Ši. B ZZ. 4 bis Schluss (mit geringen Abweichungen). Zu vergleichen ist auch Ši. D ZZ. 4 f. Das Zeichen *sal* ist wohl richtig gelesen und wohl als Determinativ aufzufassen. *sal an*-*Nah-hu-un-te-ú-ut-me* dürfte dann der Name einer weiblichen Person sein.

B.

Loftus' Abschrift ist sehr ungenügend, was aber durchaus nicht in Mangel an Sorgfalt, sondern in der Unkenntniss der Schrift begründet ist. Lenormant's Copie ist nach Loftus', Sayce's wieder nach derjenigen Lenormant's angefertigt, ohne einen Fehler zu verbessern. Ich gebe die Inschrift nach Loftus' Copie mit den entsprechenden Berichtigungen und Ergänzungen. Ueber die beiden mir noch dunkel gebliebenen Zeichen in Z. 3 wird vielleicht eine künftige Vergleichung des Originales (?) oder eines Duplicates Licht verbreiten. Statt aller weiteren Bemerkungen erlaube ich mir, Oppert's und Sayce's Umschreibungen und Uebersetzungen vergleichend wiederzugeben.

Umschreibungen.

Oppert.	Sayce.
1. O. Ku-tir Nah hu un te. sa ak.	vâ D. P. Cu-tir D. P. Nakh-khu-un-te sa-ak
Su ut ru uk Nah hu un te.	D. P. Su-ut-ru-uk D. P. Nakh-khu-un-te
2. Gi-ik. li ba ak. ha ni ik. an in.	. . . . . li-ba-ak kha-ni-ic an-in
Su si na-ak. gi ik. Su un ki ik.	Su-si-na-ak gi-ig su-un-ci-ic

3. An zan. Su su un qa. Te ma. an La ga ma ri mas. mi si ir ma na. śar ra h.	An-za-an su-su-un-ka{eri/te}-va D. P. La-ga-bar-ri mas-mi si-ir-ma-na sa-ra-ah
4. (. . . . .) ni' a ak. ku si'. e. an in.	. . . . . . ir-ma-khi a'ac cu-si-h-e anin
Su-si-na ak. na pir u-ri. hut te a ak.	Su-si-na-ac-na pir-hu-ri khu-ut-ta-ac .
5. (. . . . .) li ku mas. li ma nu. te la ak ni.	[li-im-]li-cu-mes 40 sa-ma-nu te-la-ak-ni-na.

Uebersetzungen.

1. Ich bin Kudur-Nakhuntē, Sohn	Der Palast des Cudur-Nakhkhunte. des Sohnes
des Sudruk-Nakhuntē;	des Sutruk-Nakhkhunte,
2. der mächtige Herrscher, der Kaiser,	. . . . . des starken, des fürstlichen,
der susische König, welcher regiert	Königs der Susier, des mächtigen Herrschers
3. die Ebene (oder Anzan) Susiana.	von Elam,
Ich habe den alten Tempel des Gottes Lagamar niedergerissen,	des Dieners von Lagamar. Für die Zukunft (?) eine Gründung gründete ich
4. ich habe einen neuen Tempel geweiht, und ich habe einen Palast für den susischen König gegründet, den Sklaven (der Götter). Er wurde gemacht,	. . . . . . (?) und ich baute. Als König aller Susier eingesetzt,
5. und das Volk lebe daselbst immerdar!	Provinzen (?) 40 an Zahl (?) sind mir gegeben worden (?).

C.

Die beiden Fragmente b) 24 und b) 25 ergänzen sich zu einem nahezu vollständigen Texte, welcher, bis auf die Namen und eine unbedeutende Variante (Z. 5 *hu-ut-tak* st. *hu-ut-ta-ak*), auf das genaueste mit Loftus Tafel 10 übereinstimmt. Nach dieser Inschrift (fragmentarisches Duplicat b) 2) ist in Z. 6 *a-ha-un* ergänzt. Zwei Zeichen dieser Zeile bleiben mir noch zweifelhaft. Statt *ya* Z. 2

(so Loftus) bietet b) 25 *i za*, was kaum richtig ist. Z. 3 *ku-ši-ik* ist 3. Sing. Aor. Pass. oder Part. Pass. von *kuši* »gründen, bauen«.

D.

Die eingetragenen Ergänzungen dürfen wohl als sicher gelten.

III. Inschriften Šilḫaks.

A.

Unediert. Nach a) 27 unter Berücksichtigung der zahlreichen Duplicate.

1. ú ^{m}Šil-ḫa-ak an-in Šu-ši-na-ak ša-ak ^{m}Šu-ut-ru-uk-^{an}Naḫ-ḫu-un-te gi-ik su-un-ki-ik
2. ► An-za-an ► Šu-šu-un-ḳa si-ya-an ^{an}Ki-ri-ri-ša[a] me za-na ► li-ya-an la-ḫa-ak-ra[b] ^{an}Ḫu-ban-nu-me-na
3. ku-ši-iš-da mi-ši-ir-ma-na[c] sar-ra-h pe-ip-ši-ir-ma-h a-ak e ri-nim-na ku-ši-h ku-ra-am-ma[d]
4. kar-ra-h a-ak ku-la-am-ma sa-h-ti ir-ma-h a-ak ir-ki-in-ti[e] ú-me-ma ^{an}Ki-ri-ri-ša za-na
5. ► li-ya-an la-ḫa-ak-ra na-pir-ú-ri i-du-ni-h e ^{an}Ki-ri-ri-ša za-na ► li-ya-an
6. la-ḫa-ak-ra na-pir-ú-ri ḫu-ut-tak ḫa-li-ik-ú-me li-ma-nu[f] te-la-ak-ni.

Einige Varianten und Schreibfehler: [a]) a) 14: *an-ki-ri-ri-ri-ša*. [b]) a) 14: *la-ḫa-ak-ak-ra* [c]) *-na* fehlt in a) 5. [d]) a) 13: *ri-nim-na ku-ra-am-ma* [*ku-ši-h*]. [e]) *-ti* fehlt a) 21. [f]) a) 20: *li-nu*. Die Zeileneintheilung differiert natürlich. Die Abweichungen anzuführen, scheint mir überflüssig.

B.

Unediert. Nach a) 12. Die Inschrift E (a) 43, a) 44, a) 45 und b) 26) stimmt bis auf die Zeileneintheilung (in runden Klammern angegeben) und einige Varianten mit B überein.

1. ŭ[a] ^{m}Šil-ḫa-ak an-in Šu-ši- (2.) na-ak ša-ak ^{m}Šu-ut-ru-uk- (3.) ^{an}Naḫ-ḫu-un-te
2. gi-ik (4.) su-un-ki-ik ► An-za-an (5.) ► Šu-šu-un-ḳa[b] ^{an}Hu-ban-nu-um[c]- (6.) me-na si-ya-an
3. ^{an}GAL a-ak ^{an}Ki- (7.) ri-ri-ša me ú pa-at im-ma (8.) ku-ši-iš a-ak mi-ši-ir-ma-na
4. (9.) ŭ[a] e ri-en[c]-nim im-ma ku-ši-h (10.) a-ak da[d]-ak-ki-me ú mi ni a[e]-ak[e] (11.) ^{sal} ^{an}Naḫ-

5. ḫu-un-te ú-ut-me (12.)[e] pu ḫu ni-ḳa-me-na[f] in- (13.) ti-iḳ-ḳa a-ak ir-ki-in-ti (14.) ni-ḳa-me-ma
6. ^{an}GAL a[c]-ak[c] ^{an}Ki-ri-ri-ša (15.)[g] ►— li-ya-an ib-ba[h] (16.) na-pir-ú-ri i-du-ni-h.

Varianten der sechszehnzeiligen Duplicate E: a) *ú*. b) ^{m} hinzugefügt. c) fehlt. d) *ta*. e) *a-ak* hinzugefügt. f) *ma*. g) *za-na* hinzugefügt. h) Einzige in allen 4 Duplicaten zugleich verstümmelte und deshalb zweifelhafte Stelle.

C.

Nach dem Fragment b) 3 unter Berücksichtigung des vollständigen Duplicates Loftus Taf. 10; Lenormant Nr. 33 S. 119. umschrieben und übersetzt von Oppert a. a. O. S. 186, Nr. 2.

1. ŭ ^{m}Šil-ḫa-ak an-in Šu-ši-na-ak ša-ak [^{m}Šu-ut-ru-uk-^{an}Nah-ḫu-un-te[a] gi-ik]
2. li-ba-ak ḫa-ni-ik an-in Šu-ši-na-[ak gi-ik ku-um pu-um ki du-ú ya[b]
3. ú pa-at ma[c] ku-ši-ḫ a-ak mi-ši-ir-ma-[na[d] sa-ri-ḫ a-ak e ri-en-tù-um-ma[e]]
4. ku-ši-ḫ a-ak an-in Šu-ši-na-ak [na-pir-ú-ri i si ma ta ḫ[f] e an-in Šu-ši-na-ak]
5. na-pir-ú-ri ḫu-ut-tak[g] ḫa-li-ik-[ú-me li-ma-nu[h] te-la-ak-ni]
6. a-ak [a-ḫa-an ḫi-ḫ si tù ? ? ti-ni[i]].

Varianten in Opp.s. Umschrift: a) *Šuturku* (an) *Nahhunte*. b) *gik kut* (? *la* . . . *duya*. c) *Upatra*. d) *masir mana*. e) *e ritalaz* (idéogramme) *ra*. f) *napar' uri*, (idéogramme) *ra mateh*. g) *hut inni*. h) *halik-umas telimanu*. i) *hihši* . . . . *turtini*. — Vgl. den Schluss von Kut. C.

D.

Unediert. Nach a) 10 unter theilweiser Vergleichung der Duplicate. Vgl. S. 131.

1. ŭ ^{m}Šil-ḫa-ak an-in Šu-ši-na-ak ša-ak Šu-ut-ru-uk-^{an}Naḫ-ḫu-un-te gi-ik li-ba-ak ḫa-ni-ik ^{an}Ki-
2. ri-ri-ša a-ak an-in Šu-ši-na-ak gi-ik su-un-ki-ik ►— An-za-an ►— Šu-šu-un-ḳa ^{m} ^{an}Ḫu-ban-nu-me-na
3. si-ya-an ^{an}Ki-ri-ri-ša ►— li-ya-an ir-ra me ḫa la-at im-ma ku-ši-iš a-ak mi-ši-ir-ma-ma ŭ
4. sar-ra-h e ri-nim im-ma pe-ip-ši-im-ma ku-ši-h a-ak da-ak-ki-me ú mi ni ^{sal} ^{an}Naḫ-ḫu-un-te
5. ú-ut-me ^{m}Ḫu-te-lu-du-uš an-in Šu-ši-na-ak[a] me ^{m}Šil-ḫa-na-ḫa-am-ru ^{an}La-ḳa-ma-ar me ^{m}Ku-tir-^{an}

6. Ḫu-na?-ban?[b)] ^{an}Iš-ni-ḳa-ra-ab-bàt me ^{sal}ú ru -? ^{an}El-ḫa-la-ḫu-me a-ak ^{sal}ú-ut e ḫi-h hi

7. ^{an}Pi-ni-it? me in-ti-iḳ-ḳa a-ak ir-ki-in-ti ni-ḳa-me-ma ^{an}Ki-ri-ri-ša na-pir-ú-ri i-du-ni-h.

Varianten: [a)]a) 39: Schreibfehler *Šu-ši-šu-ši-na-ak*. [b)] In einem Exemplar (ich habe mir leider die Nummer nicht angemerkt) stehen hier die Zeichen *ḫu ban me sal*. Die Zeilentheilung, welche natürlich sehr verschieden ist, anzumerken, halte ich für unnöthig.

Bemerkungen.

A.

Z. 3. *ku-ši-iš-da* ist 3. Pers. Perfecti von *ku-ši* und entspricht genau der neusus. Form.

B.

Das sechszehnzeilige Duplicat dieses Textes (E) wird von E. Ledrain in einem der nächsten Hefte der Revue d'Assyriologie veröffentlicht werden. Ich erlaube mir deshalb auf diese Publication zu verweisen.

D.

Z. 6. Das Zeichen zwischen *ab* und *me* halte ich für No. 112 in Delitzsch's Schrifttafel (Assyr. Lesestücke 3. Aufl. S. 15, Leipzig 1885). Dieses Zeichen hatte auch einen Sylbenwerth *bat*, welcher hier möglicherweise anzunehmen ist. Zum Unterschied von den Nrr. 42 und 267 bei Delitzsch bezeichne ich es *bàt*.

Obwohl dieser Text in vielen Exemplaren vorhanden ist, ist es mir nicht gelungen, ihn völlig und sicher zu lesen. Gerade die besten Exemplare desselben liegen in Schrank C, dessen ungünstige Beleuchtung ich schon oben beklagt habe. Die wenigen mir noch fehlenden Zeichen wechselten zudem auf jedem neu zu vergleichenden Exemplar fast proteusartig ihr Aussehen. Wie gleichfalls bereits erwähnt, ist die Schrift mit einem sehr breiten Griffel eingegraben, sodass es oft erst sehr zahlreicher Vergleichungen bedarf, um festzustellen, ob ein Keil wagerecht oder senkrecht oder schief verläuft, ob derselbe nur als einfach, doppelt oder gar drei- und vierfach zu betrachten ist u. s. w. Möchte es den schärferen Augen anderer Forscher glücken, zu entdecken, was mir verborgen geblieben ist!

Zur Grammatik und Lexicographie der anzanischen Inschriften.

In diesem letzten Abschnitt gedenke ich, die sicheren Resultate der bisherigen Untersuchungen noch einmal kurz zusammenzustellen. Die »anzanische« Sprache ist nächst verwandt mit der Sprache der Achämeniden-Inschriften zweiter Art. Dies beweist:

1. die Lautlehre. In beiden Sprachen wird zwischen *d* und *t*, zwischen *g* und *ḳ* nicht streng unterschieden. Beispiele für das »Anzanische«: *ḫu-ud-da-ak* b¹ 17 — *ḫu-ut-ta-ak* Ku. C Z. 5; *da-ak-ki-me* gewöhnlich — *ta-ak-ki-me* Ši E Z. 10; *La-ga-ma-ri* Ku. B Z. 3 — *La-ḳa-ma-ar* Ši. D Z. 5. In manchen Wörtern wird *h* nach Belieben eingefügt oder ausgelassen z. B. *mi-ši-ir-ma-h-ma* a¹ 1 Z. 3 — *mi-ši-ir-ma-ma* a¹ 18 Z. 3. Consonanten werden zuweilen verdoppelt z. B. *Ḫu-ban-nu-me-na* gewöhnlich — *Ḫu-ban-nu-um-me-na* a¹ 1 Z. 2. Endlich wechseln in einem Falle die Vocale *a* und *u*: *ir-ra* a 1 Z. 3 — *ir-ru* a¹ 18 Z. 2.

2. die Formenlehre. Vom Nomen ist sehr wenig bekannt. Ich nenne den Plural auf *-p*, welcher von *sunkik* vorliegt: *sunkip*. Vom Verbum dagegen können folgende Formen belegt werden:

1. Sing. Aor. *idunih*, *kurrah*, *kuših*. *sarih*. *sarrah*. *ḫalih*. *ḫumah*;
2. Pers. Aor. *kušiš*, *durnaš*. *ḫumaš*;
3. Pers. Perf. *kušišda*;
3. Sing. Aor. Pass. = Part. Perf. *kušik*. *huttak*;
2. Sing. Fut. (? *irkinti*, *ḫumanta*;
3. Sing. Prec. Pass. (? *telakni*.

3. der Wortschatz. Ich stelle folgendes Verzeichniss auf (vgl. auch Opp. a. a. O. S. 182):

Anzanisch	Neususisch	Bedeutung
aak	*yiak*	und
aḳḳara	*akkara*	wer auch immer
ú, u	*ú*	ich
urpubba	*irpippi*	die früheren
kuš	*kuš*	während, bis
kuši	*kuši*	gründen, bauen
durna	*turna*	kennen, wissen
niḳame	*nikami*	unser

Anzanisch	Neususisch	Bedeutung
šak	*šak-ri*	Sohn
sari, sarra	*sari*	zerstören
sunkik	*zunkuk*	König
summin	*zaumin*	durch die Gnade, im Schutze
ḫudda, ḫutta	*hutta*	machen.

Die bereits von Mordtmann angenommene Verwandtschaft des »Anzanischen« mit dem »Neususischen« steht also fest; eine Verwandtschaft zwischen »Anzanisch« und der Sprache, welche die alten Völker als »Elamitisch« bezeichnen mussten, ist höchst wahrscheinlich. Der Einwand, dass Elam in der Völkertafel der Genesis (10, 22) unter den Söhnen Sems genannt wird, ist unerheblich. Das kann ein Irrthum sein, wie ja auch Kna'an daselbst Vers 6 fälschlich zu den Chamiten gezählt wird. Von den elamitischen Eigennamen stimmen mehrere mit »anzanischen« überein. Das nach K 2100 elamitische Wort *nap* »Gott« gehört zugleich der »neususischen«, also einer der »anzanischen« nächst verwandten Sprache an.

Ich bin am Schlusse. Ausser den Texten bringt die vorliegende Arbeit nicht viel wirklich Neues; dagegen bestrebte sie sich, zwischen Sicherem und Zweifelhaftem scharf zu trennen und das Erstere durch Beweise zu stützen. Sollte sie sich als brauchbare Grundlage zur weiteren Forschung eignen, so würde mein Hauptzweck erreicht sein.

I. Inschriften

Varianten: * b)17: [cuneiform]; *Loftus* [cuneiform]. — ** *Loftus* [cuneiform]

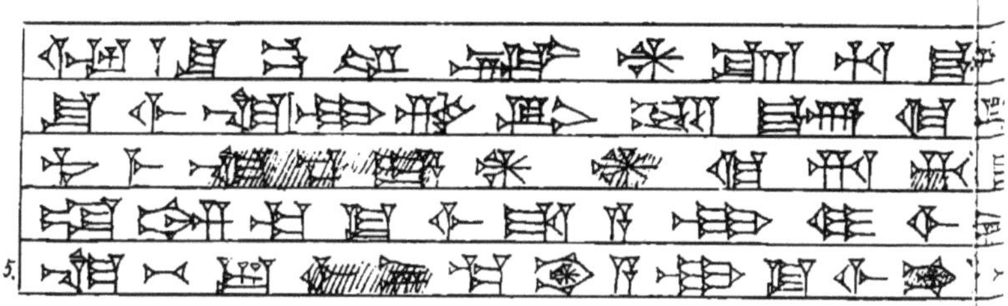

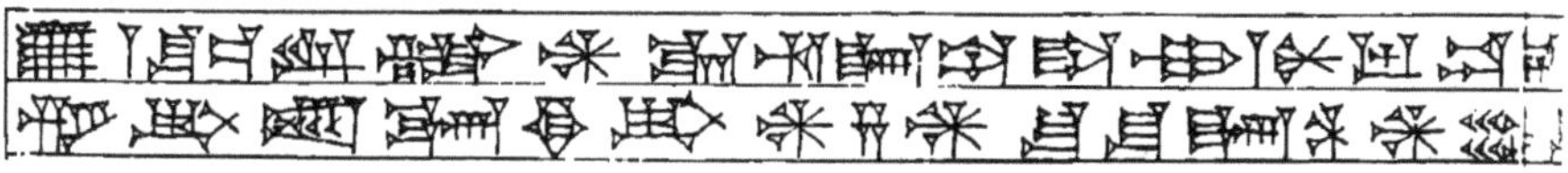

utruknaḫḫuntes.

•

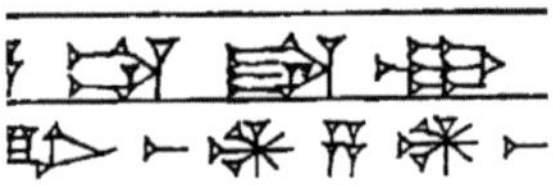

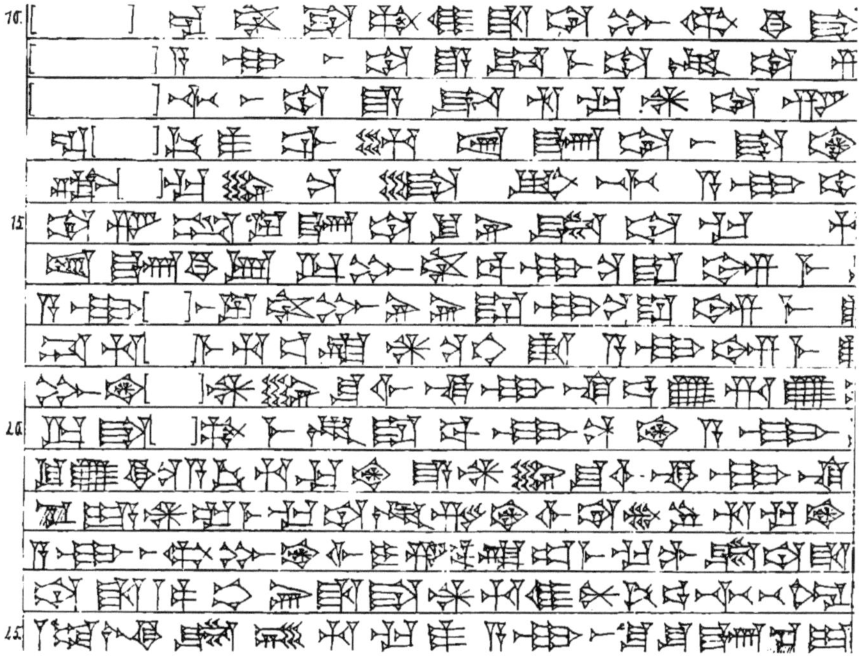

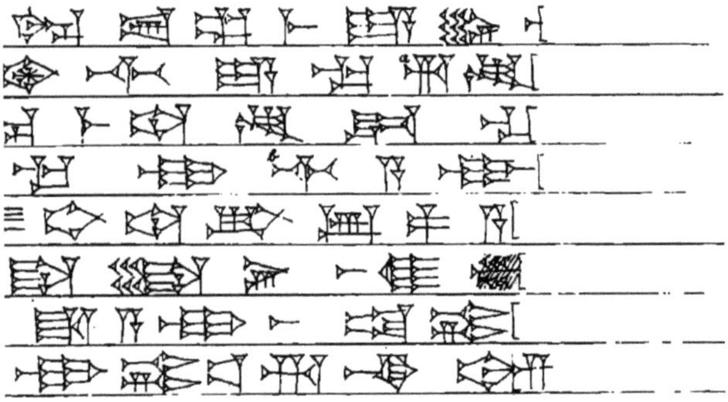

II. Inschriften

A

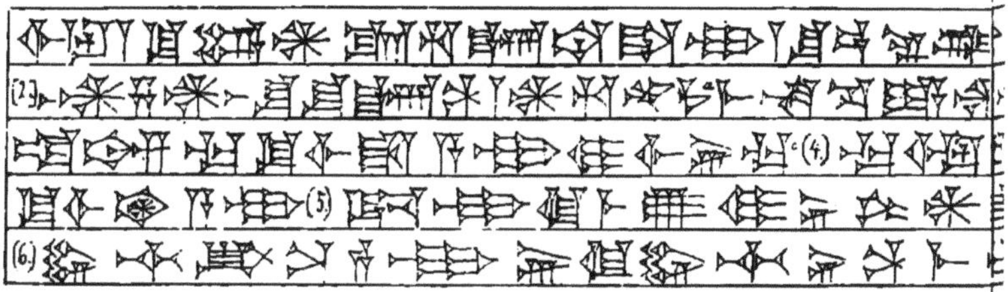

Varianten: [a] a)1 fügt hinzu. [b] a)1 und a)41 dafür. [c] a)1 fügt

B

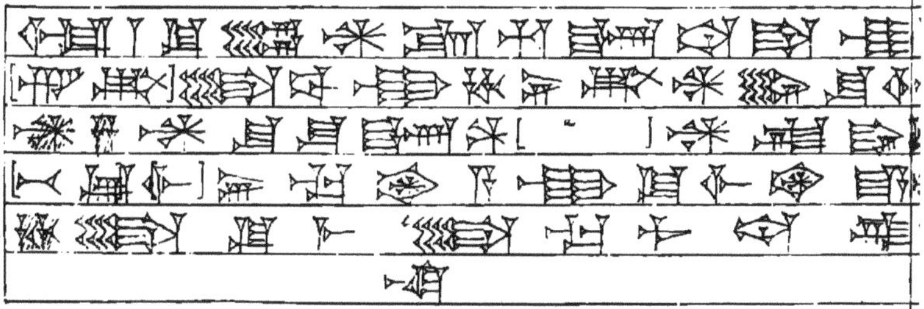

Varianten bei Loftus: [a] [b]

(

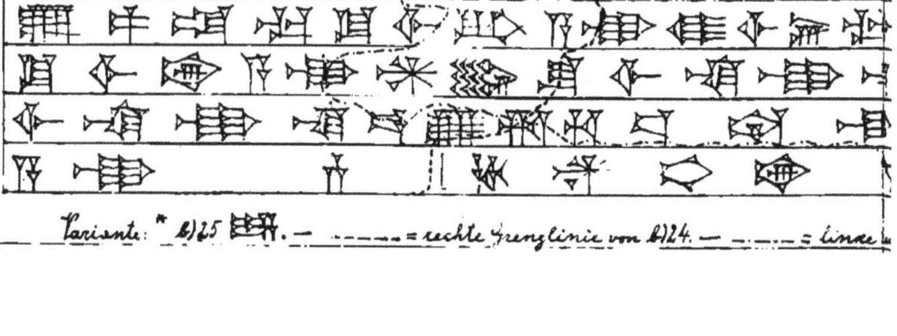

Variante: [*] b)25. — - - - - = rechte Grenzlinie von b)24. — - - - = linke

..tirnaḫḫuntes.

...in. d a)1 und a)41 fügen [sign] ein.

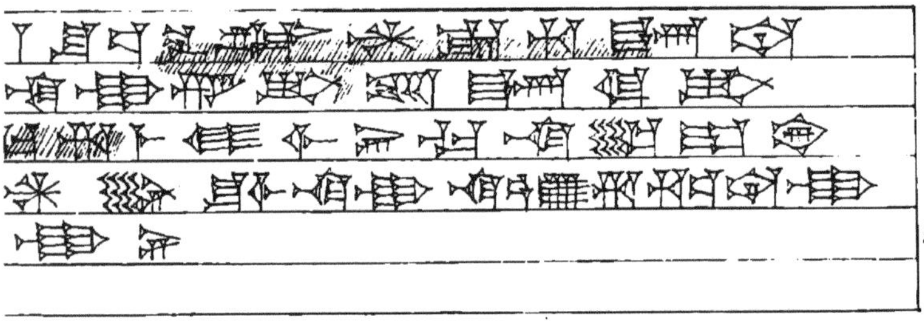

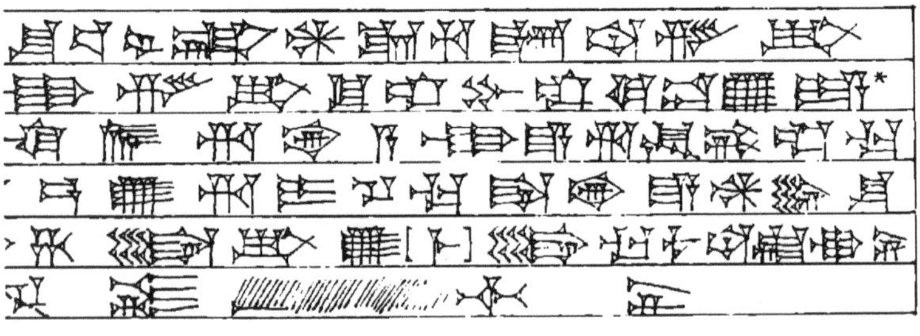

...nglinie von b)25.

* b) 19:

III. Insch

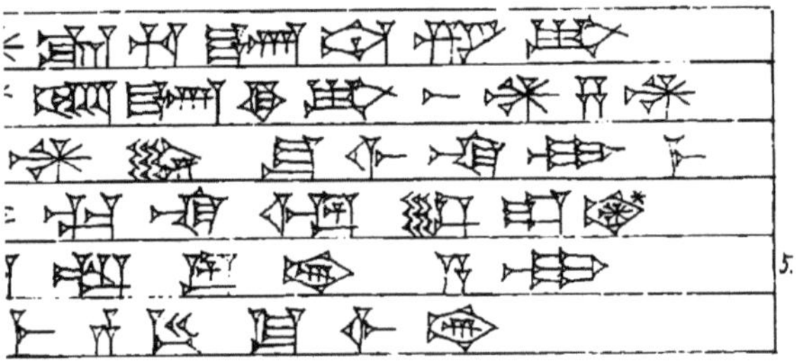

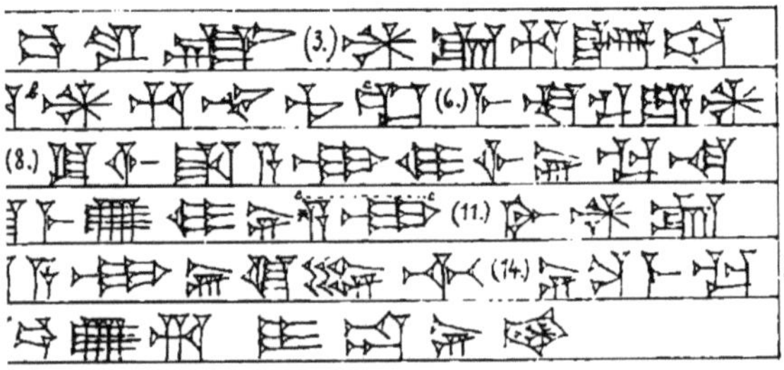

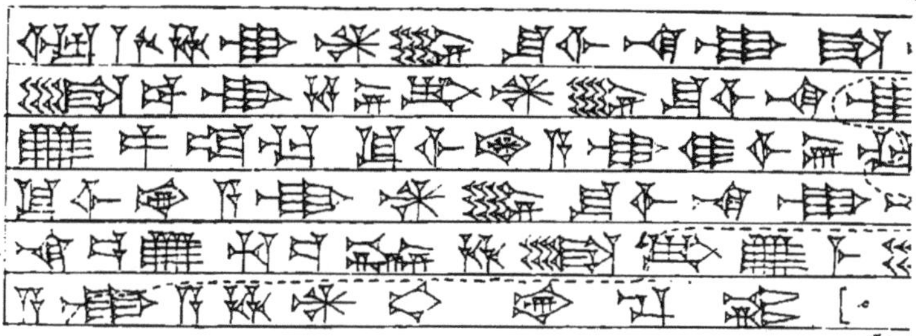

-----= rechte Grenzlinie des Fragments b13. — Varianten bei Loftus: a

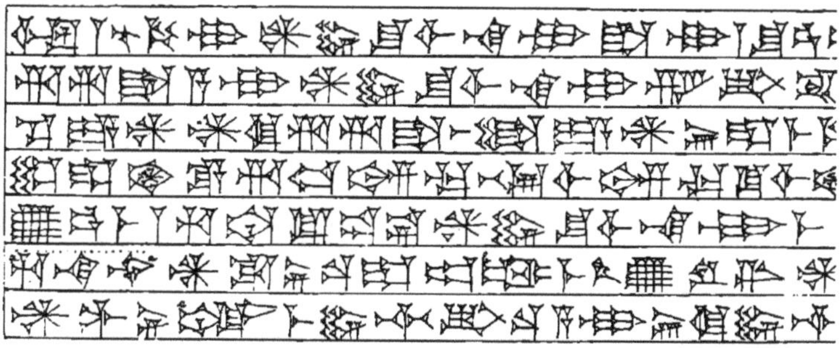

Varianten: a...a . b , , oder .

fehlt.

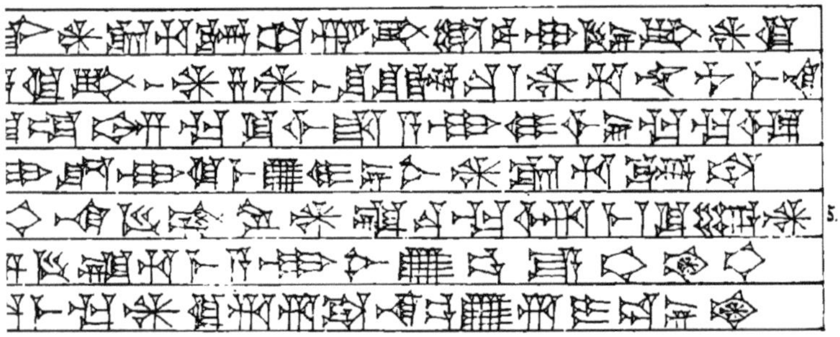

oder

1 Vocale und einfache Sylben	
a	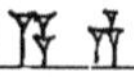
e	
i	
ŭ	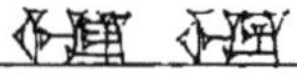
ú	

tafel.

nu		ti	
an		tu	
en		tù	
in	u. ä.	2. Zusammengesetzte Sylben.	
un		ban	
sa		bât	
si		gal	
su		ḫal	
us, uz		kar	
pa		naḫ	
pi		nim	
ra		sar	
ri		pir	, vgl. ud.
ru		šil	
ar		taḫ	
ir		tar	
ur	= tas.	tár	: a) [illegible] ganz deutlich.
ša		tas	= ur.
ši		tar	= šil
šu		tir	
aš		3. Ideogramme.	
iš		m	
uš			
ta		an	
te		sal	